Lieblingsplätze

MARKGRÄFLERLAND

Lieblings-plätze

MARKGRÄFLER-LAND

BARBARA RIESS

Autor und Verlag haben alle Informationen geprüft. Gleichwohl wissen wir, dass sich Gegebenheiten im Verlauf der Zeit ändern, daher erfolgen alle Angaben ohne Gewähr. Sollten Sie Feedback haben, bitte schreiben Sie uns! Über Ihre Rückmeldung zum Buch freuen sich Autor und Verlag: lieblingsplaetze@gmeiner-verlag.de

Sofern nicht im Folgenden gelistet, stammen alle Bilder von Barbara Riess: Kur-Bäder GmbH Bad Krozingen 30; Stadt Kandern 142

QR-Code einscannen und kostenloses E-Book anfordern.

Besuchen Sie uns im Internet:
www.gmeiner-verlag.de

1., überarbeitete Neuauflage 2021

Im Ehnried 5, 88605 Meßkirch
Telefon 07575/2095-0
info@gmeiner-verlag.de

Lektorat/Redaktion: Katja Ernst/Anja Kästle
Herstellung: Julia Franze
Bildbearbeitung/Umschlaggestaltung: Susanne Lutz
unter Verwendung der Illustrationen von © Clker-Free-Vector-Images – pixabay.com; © SimpLine – stock.adobe.com; © Design Studio RM – stock.adobe.com; © mohamed_hassan – pixabay.com; © paullouis – stock.adobe.com; © Fiedels – stock.adobe.com; © SylwiaNowik – stock.adobe.com; © Susanne Lutz
Kartendesign: Susanne Lutz, © The World of Maps (www.123vectormaps.com)
Druck: AZ Druck und Datentechnik GmbH, Kempten
Printed in Germany
ISBN 978-3-8392-0044-5

Zu Gast im Dreiländereck

Eine Einladung

Himmlische Landschaft am Puls des Südens

So mancher kam, sah und blieb – gefangen vom Zauber des Markgräflerlands. Lang ist die Liste derer, die in dieser sonnenverwöhnten Ecke im äußersten Südwesten Deutschlands zwischen Rhein, Reben und Schwarzwald sesshaft wurden. Schon die Römer schätzten das für sie beinahe heimatliche Klima, Dichter und Denker ließen sich hier inspirieren, Maler vom Charme der Landschaft bezaubern, Altbundespräsident Walter Scheel verbrachte seinen Lebensabend in Bad Krozingen und den bekennenden Markgräfler Ottmar Hitzfeld zog es nach erfolgreicher Karriere als Fußballtrainer in seine Heimatstadt Lörrach zurück.

Als »Himmlische Landschaft« beschrieb der deutsch-französische Schriftsteller René Schickele das Markgräflerland. Das Buch lädt ein, Kulturschätze und Naturschönheiten zu entdecken. Es führt zu außergewöhnlichen Orten, in skurrile Ecken und in verlockende Lokale. Dabei wird auch ein Blick über den Rhein geworfen, der Grenzfluss und Lebensader zugleich ist. Die Lektüre soll Lust machen, diese gastfreundliche Region zu erkunden, beziehungsweise sie als Einheimischer neu zu entdecken, und sich von ihr begeistern zu lassen.

Prima Klima

Das inmitten der Oberrheinischen Tiefebene gelegene Markgräflerland beginnt südlich von Freiburg und reicht bis zur Schweizer Grenze bei Basel. Seine besondere Anziehungskraft verdankt es gleich mehreren Pluspunkten. Da ist zum einen das Klima, welches der Region immer wieder einen – mehr oder weniger treffenden – Vergleich mit der Toskana beschert. Fakt ist, dass das Markgräflerland zu den wärmsten Regionen Deutschlands zählt. Schon der Frühling beginnt hier einige Wochen früher. Während Anfang April noch die Skifahrer auf den Schwarzwaldbergen wedeln, regen sich unten im Tal bereits die ersten Spargel unter der Folie. Im Sommer sprießt auf den Tabakfeldern sattes Grün, und auf den bunten Wochenmärkten kann man Gemüse erstehen, das sonst eher in mediterranen Gefilden zu finden ist. Tatsächlich wird das einmalig milde Klima von den warmen Südwestwinden geprägt. Die Mittelmeerluft, die durch die Burgundische Pforte einströmt, verbindet die Region spürbar mit dem Pulsschlag des Südens.

Essen und Trinken

Zugleich punktet das Markgräflerland mit einer hohen Dichte an Spitzengastronomen. Die regionale Küche hat ihren ganz eigenen Charakter. Auf der Speisekarte finden sich Spezialitäten wie Suuri Leberle mit Brägele (saure Leber mit Bratkartoffeln), Spargel mit Kratzede (Spargel mit zerrupftem Pfannkuchen), Bibeleskäs (Frischkäse, in der Regel mit Kräutern und/oder Zwiebeln angerichtet) oder Chriesichüchli (Markgräfler Kirschküchlein). Sollte die hochdeutsche Übersetzung fehlen, kann man getrost nach der Devise handeln: einfach probieren. Nicht umsonst zählt die Küche am Oberrhein zu den besten in Deutschland.

Mindestens genauso verlockend wie die Speisekarte der Region ist die Weinkarte. Für so manchen Liebhaber ist das nach dem Markgrafen Karl Friedrich von Baden benannte Anbaugebiet ein Geheimtipp. Der Landesfürst stieg 1783 nicht nur wegen der Abschaffung der Leibeigenschaft auf der Beliebtheitsskala seiner Untertanen, sondern zeigte ihnen auch, wie man die Reben, die vermutlich seit der Römerzeit hier angebaut wurden, als lukrative Erwerbsgrundlage nutzte. Wie auf einer Perlenschnur reihen sich die Weingüter und Winzergenossenschaften aneinander. Das Anbaugebiet umfasst neben dem regional typischen Gutedel Spätburgunder und die Sorten Weißer sowie Grauer Burgunder, Müller-Thurgau, Chardonnay, Cabernet Sauvignon, Merlot.

Burgen, Schlösser, Abenteuer

Die uralte Kulturlandschaft im Dreiländereck von Deutschland, Frankreich und der Schweiz ist gezeichnet von Geschichte und Geschichten. Viele Epochen haben ihre Spuren hinterlassen, die zurück bis in die Steinzeit reichen. Lebendig wird die Vergangenheit anhand der vielen Burgruinen und Schlösser sowie der abenteuerlichen Sagen, die sich darum ranken. Auch sie gehören zur Identität dieser bezaubernden Region.

Tabakfeld vor dem Belchen-Massiv bei Staufen

1

Blick vom **Wiiwegli** auf die Weinberge
Startpunkt:
Schneeburgstraße
79114 Freiburg

Schwarzwald Tourismus GmbH
Kompetenzzentrum Tourismus
Wiesentalstraße 5
79115 Freiburg
0761 896460
www.schwarzwald-tourismus.info

Süffig wandern mit Aussicht

Das Wiiwegli, Wanderweg ab Freiburg

Als Wanderweg der Extraklasse führt das Wiiwegli mitten durch die Weinberge des Markgräflerlandes und offenbart en passant traumhafte Aussichten, die je nach Standort bis nach Basel, zu den Vogesen oder zum Schweizer Jura reichen. Eine Frühlings- oder Herbstwanderung auf dem Wiiwegli gehört mit zum Schönsten, was die Region zu bieten hat. Der liebevoll klingende Name ist alemannisch und bedeutet »Wein-Weglein«. Wobei der im Alemannischen gern benutzte Diminutiv etwas untertreibt, denn das »Weglein« ist rund 80 Kilometer lang und verbindet Freiburg mit Weil am Rhein. Wegweiser ist eine rote Raute mit gelber Weintraube.

Das Wiiwegli besteht aus vier Abschnitten, die man beliebig abkürzen und nach eigenem Geschmack gestalten kann. Es bietet sich also auch für Quereinsteiger an. Eine Tour beginnt im Freiburger Stadtteil St. Georgen und führt über den legendären Ölberg bei Ehrenkirchen nach Staufen. Dazwischen liegen bezaubernde Landschaften, lauschige Picknickplätze, Sehenswürdigkeiten und immer wieder Orte zum Einkehren. Denn das Wiiwegli verläuft nicht nur durch Weinberge, sondern auch durch Winzerdörfer. Und in den Weingütern stehen die Türen zur Probierstube meist offen. Dann wird schnell klar, dass die Wanderung dem Genuss- und nicht dem Leistungsprinzip folgen sollten.

Damit wären wir bei einem Thema angelangt, an dem im Markgräflerland kein Weg vorbeiführt, schon gar nicht das Wiiwegli. Es geht um den Gutedel, die Spezialität der Region, die auf rund 40 Prozent der Rebflächen wächst. Er gilt als eine der ältesten Sorten Europas. Im großen Stil wird er aber nur noch im Markgräflerland kultiviert. Die leichten, süffigen Weine schmecken bestens zum Vesper. Jeder Winzer, der etwas auf sich hält, baut auch seinen Gutedel an, und jeder hat seine individuelle Geschmacksnuance.

Rund um den Gutedel veranstalten die Markgräfler Events, darunter alle zwei Jahre an Christi Himmelfahrt das Gutedelfest auf der Badischen Weinstraße (L 125). Termine unter www.markgraefler-wein-ev.de

2

Böttchehof
Familie Küchlin
Basler Straße 76a
79227 Schallstadt
07664 7377
www.boettchehof.de

WHISKY FÜR HELENE

Böttchehof

Wer glaubt, im Markgräflerland wird nur Wein angebaut, der irrt. Etwas versteckt in einem malerischen Innenhof in Schallstadt entsteht ein Tropfen, den man sonst eher in Schottland verortet. Der Böttchehof – eine kleine, aber feine Edelbrennerei – produziert als Spezialität badischen Whisky, den Helene-Whisky, benannt nach der ehemaligen Chefin des Hauses, der Großmutter des Brenners. Aus Gerstenmalz, Wasser und Hefe wird er zweimal destilliert, dann geht es ab in den ehemaligen Kartoffelkeller, in dem heute die Schätze des Böttchehofs lagern. Zwei Jahre lang ruht der junge Whisky im Burgunder-Barrique-Eichenholzfass. Anschließend zieht er zur Nachreifung für weitere zwei Jahre um in ein Bourbon-Fass aus Kentucky. Hier erhält er seine dezente Vanille-Note. Das Finishing erfährt er danach im gebrauchten Oloroso-Sherry-Fass. Das Ergebnis ist ein hervorragender Whisky und eine Bereicherung für die im Markgräflerland ohnehin schon reichhaltige Spirituosenlandkarte.

Der Böttchehof ist ein Familienbetrieb mit altem Brennrecht. Jeden Samstag findet in der alten Scheune ein kleiner Bauernmarkt mit regionalen Produkten statt, und im ehemaligen Stall, der zu einer Bauernschänke umgebaut wurde, gibt es Deftiges auf den Teller: Kartoffelsuppe, Flammkuchen, Bauernwürste, Bibeleskäsbrot. Natürlich können auch Wein und die preisgekrönten Edelbrände, Liköre, Gin und Whisky probiert werden. Gleich nebenan glänzen die Kupferkessel der Brennerei und mit etwas Glück kann man beim Destillieren live dabei sein. Wer es weniger hochprozentig mag, genießt die frisch gepressten Säfte. Das Obst stammt aus eigenem Anbau. An warmen Tagen wird die Bauernschänke kurzerhand bis in den Innenhof erweitert.

Eine Spezialität wird im Oktober gegen Ende der Weinlese serviert: Dann lädt der Böttchehof jeden Freitag zum Tresterwurstessen ein.

8

Das **Reblausdenkmal** befindet sich auf dem höchsten Punkt des Batzenbergs. Fahren Sie von Schallstadt auf der B3 bis Norsingen, am Ortsanfang links in die Weinbergstraße, dann dem Artur-Stoll-Weg, ehemals Langgaß, folgen bis zum Parkplatz beim Reblausdenkmal.

Tourist-Information Ehrenkirchen
Jengerstraße 6
79238 Ehrenkirchen
07633 80447
www.ehrenkirchen.de

AUSBLICK IM SCHATTEN DER PFROPFREBE

Reblausdenkmal auf dem Batzenberg

Aus der Vogelperspektive sieht der Batzenberg mit seinem Muster aus Wirtschaftswegen und Rebflächen aus wie der Panzer einer riesigen Schildkröte. Der gut 300 Meter hohe Berg erhebt sich zwischen Schwarzwald und der Rheinebene. Er ist vier Kilometer lang und 1,2 Kilometer breit und bildet den größten geschlossenen Weinberg Deutschlands. Ihm zu Füßen liegen die Winzerdörfer Schallstadt, Wolfenweiler, Pfaffenweiler, Scherzingen, Norsingen, Ehrenkirchen, Kirchhofen und Öhlinsweiler.

Wein wächst auf dem Batzenberg schon seit der Römerzeit, eine Reben-Monokuktur prägt ihn erst seit der Flurbereinigung. Als diese 1979 abgeschlossen war, freuten sich die Winzer, denn die nun größeren und gut zugänglichen Flächen konnten sie wesentlich leichter und rentabler bewirtschaften. Damit war für den Weinbau auf dem Batzenberg ein neues Zeitalter angebrochen. Anlässlich dieses Fortschritts legten die acht Winzerdörfer zusammen und errichteten auf dem höchsten Punkt das Reblausdenkmal. Die aus Kalksandstein gehauene Stehle stellt eine Pfropfrebe dar. Sie ist in eine Aussichtskanzel integriert, von der aus man einen famosen Rundumblick über das Markgräflerland hat. Dreht man sich um 360 Grad, ziehen die Rheinebene, die Vogesen, der Schwarzwald und der Schönberg vor den Toren Freiburgs vorüber.

Die Pfropfrebe rettete einst den Weinbau. Insofern erinnert das Denkmal auch an eine der größten Katastrophen, die Mitte des 19. Jahrhunderts Winzer in ganz Europa traf und auch vor dem Markgräflerland nicht haltmachte: Die aus Nordamerika stammende Reblaus verwüstete nahezu sämtliche Weinbaugebiete. Die Rettung kam, als man dazu überging, auf resistente, sogenannte Unterlagsreben einen Zweig einer edleren Sorte aufzupfropfen. So wurde die Reblaus besiegt.

Das Weingut Heinemann in Scherzingen bewirtschaftet rund 13 Hektar Reben auf dem Batzenberg. Seine Weine wurden vielfach ausgezeichnet. www.weingut-heinemann.de

4

Blick in eine Steinhauerwerkstätte

Historische Steinbrüche
Im Steinbruchweg dem Hinweisschild »Schützenhaus« folgen. Parkmöglichkeit am Eingang zum Steinbruch.
9292 Pfaffenweiler
www.pfaffenweiler.de

ZWISCHEN SCHLINGPFLANZEN UND MOOS

Historische Steinbrüche

Hinter dem schlichten Metallzaun beginnt eine versunkene Welt. Ein paar grob gezimmerte Hütten ducken sich an den Berg. Zwischen übereinandergestapelten Steinquadern hindurch führt ein Schienenstrang ins Nirgendwo aus Moos, Schlingpflanzen, Schotter und Lehm. Durch einen Hohlweg gelangt man zu einer senkrecht aufsteigenden Felswand. Hier, im Herzen der historischen Steinbrüche von Pfaffenweiler, wurde das Material gebrochen, das im gesamten Markgräflerland wiederzufinden ist.

Bis Anfang des 20. Jahrhunderts schufteten noch Steinhauer auf dem Gelände. Erstmals schriftlich erwähnt wurde der Steinbruch bereits 1471. Der gelbgraue Sandstein war wegen seiner vorzüglichen Qualität über Jahrhunderte begehrt. Aus ihm wurden unter anderem die Kanzel des Münsters und die Skulpturen der Vier Jahreszeiten im Wentzingerhaus in Freiburg gefertigt, ebenso die Figuren der Bad Krozinger Nepomuk-Brücke. Dem Pfaffenweiler Sandstein begegnet man außerdem bei Fenstersimsen, Brunnentrögen, Grabsteinen, Grenzsteinen oder Wegkreuzen.

Die gesamte Anlage ist heute Teil des Pfaffenweiler Dorfmuseums und wurde als eine Art Freilichtmuseum gestaltet. Durch das frei zugängliche Steinbrucharealführt ein Rundweg, der in Eigenregie erkundet werden kann. In einer der Holzhütten im Eingangsbereich, die als Steinhauerwerkstätten dienten, ist neben einem mächtigen Amboss allerlei Werkzeug ausgestellt. Mit diesen Geräten wurden die aus dem Fels gehauenen Sandsteinblöcke bearbeitet, nachdem sie auf Loren oder Rundhölzern hertransportiert worden waren. Die Feinarbeit fand dann in den Steinmetzwerkstätten im Dorf statt.

Einmal im Jahr, am letzten Sonntag im Juni, erwacht der Steinbruch zu neuem Leben. Beim Steibickfescht wird das alte Handwerk vorgeführt, das einst so viele Menschen in Pfaffenweiler ernährte.

Terminvereinbarung für Führungen unter 07664 97000. Weitere Infos zur Steinhauerei bietet die Ausstellung im Dorfmuseum.

5

Klosterkirche St. Fides und Markus
Bürglestraße 12
79294 Sölden

Mehr Informationen beim
Pfarrbüro Sölden
Bürglestraße 4
79294 Sölden
0761 404259
www.kath-bom.de

CANDIDA AUF VERSCHLUNGENEN PFADEN

Klosterkirche St. Fides und Markus

»Mama, da liegt ein Skelett.« Fasziniert steuert die kleine Besucherin auf den goldverzierten Glassarg zu. Was da auf den ersten Blick etwas gewöhnungsbedürftig und gruslig anmutet, ist der mit zahllosen Perlen, glitzernden Steinen und Stickereien geschmückte Corpus der heiligen Candida. Sorgfältig drapiert ruht er in einem gläsernen Schrein. Die Heilige ist eine Reliquie, die eher durch Zufall nach Sölden gelangte. Sie gehört offiziell zu den Katakombenheiligen, die sich im süddeutschen Raum als Reliquien einst großer Beliebtheit erfreuten. Es soll sich dabei um die sterblichen Überreste christlicher Märtyrer handeln, deren Gräber ab 1578 in den Katakomben Roms in großer Zahl gefunden wurden.

Nach Sölden kam Candida auf ziemlich verschlungenen Pfaden. St. Fides und Markus ist die Kirche eines 1115 eröffneten Benediktinerinnenkonvents, der bis circa 1500 bestand und zur Abtei von Cluny gehörte. Nach der Säkularisierung wurde die Propstei ab 1598 vom Kloster St. Peter im Schwarzwald verwaltet. Eigentlich hatte der Pfarrer aus dem schwäbischen Dormettingen bei Balingen die Reliquie in Rom bestellt. Als sie ankam, war ihm die heilige Fracht aus den Katakomben jedoch zu teuer und er verweigerte die Annahme. Das Kloster St. Peter sprang ein, kaufte die Heilige und schickte sie 1762 nach Sölden.

Der Candidaschrein ist eine von mehreren Kostbarkeiten der Barockkirche St. Fides und Markus. Schon beim Betreten des lichtdurchfluteten Raums wird der Blick unvermittelt nach oben gelenkt zur stattlichen Kuppel. Die ist aufgemalt und eine perfekte optische Täuschung. Die prächtige Ausstattung der Kirche stammt von dem Maler Franz Ludwig Hermann und dem Bildschnitzer Matthias Faller, die in der Region etliche Kunstwerke geschaffen haben.

Die ehemalige Klosteranlage von Sölden ist gut erhalten. Ein Gang durch den kleinen, liebevoll gestalteten Garten lohnt sich.

6
Kulturschmiede
Zum Salmen,
Historisches Gasthaus
und Schwanitz-Haus
Rheinstraße 20
79258 Hartheim
07633 9199960
www.salmen-hartheim.de

GASTMAHL MIT LADY MACBETH

Kulturschmiede Zum Salmen

Der Lachs, auf Alemannisch Salm, war einst entlang des Rheins der Fisch des armen Mannes, quasi der Hering des Markgräflerlands. Kein Wunder also, dass nach ihm so manches Wirtshaus benannt ist. Während die meisten Fischerkähne längst verrottet sind, erinnert das Wirtshausschild *Zum Salmen* noch heute an den Berufszweig, der hier einst eine so tragende Rolle gespielt hat. Ein besonderer Salmen ist der in Hartheim, denn das ehemalige Gasthaus ist eine Kulturschmiede. Lesungen, Konzerte, Kabarett, Comedy, Theater bilden den Veranstaltungsmix, der Besucher aus der gesamten Region in den ehemaligen Fischerort zieht.

1767 wurde der Salmen als Zunftlokal der Rheinfischer erstmals erwähnt. Anfang des 20. Jahrhunderts verwandelte er sich in einen Gemischtwarenladen und Supermarkt. Raum für Festivitäten aller Art bot ein Theatersaal im ersten Stock. Irgendwann Anfang der 1970er-Jahre muss es Dietrich Schwanitz, der damals in Freiburg studierte, nach Hartheim verschlagen haben. Offenbar war der spätere Anglistikprofessor, Shakespeare-Experte und Skandalautor (*Der Campus*) vom Salmen so angetan, dass er ihn 2001 kaufte, um hier eine Theaterwerkstatt einzurichten.

Das ambitionierte Vorhaben konnte er zwar vor seinem Tod nicht mehr realisieren, was ihm jedoch gelang, war, nahezu das gesamte Shakespeare-Figurenpersonal in den Salmen zu holen. Im Stil einer Trompe-l'Œil-Malerei ließ er von der Künstlerin Andrea Berthel die Bühnenwand des Theatersaals bemalen. Vorbild war das Gemälde *Das Gastmahl im Hause des Levi* von Paolo Veronese. An der Tafel nahmen neben Shakespeare die Promis des Meisters Platz, darunter Othello, Desdemona, Romeo, Julia, Lady Macbeth und Hamlet. Und auch Dietrich Schwanitz hat sich unter die Festgesellschaft gemischt.

Der Salmen gehört heute der Gemeinde Hartheim. Für die Veranstaltungen ist ein Förderverein zuständig. Das aktuelle Programm wird regelmäßig auf der Homepage des Gasthauses veröffentlicht.

7

Ein Markgräfler Paar:
Spargel und Gutedel

Hofgut und Weingut Fritz Waßmer

Lazariterstraße 2
79189 Bad Krozingen
07633 3965
www.wassmer-spargel-erdbeeren.de

DELIKATESSEN AM STRASSENRAND

Markgräfle- Spargel

Bekanntlich macht der April ja, was er will. Im Markgräflerland bietet er oft schon einen Vorgeschmack auf den Sommer. Das wiederum freut die Spargel- und Erdbeerbauern. In guten Jahren sprießt das Edelgemüse bereits, wenn oben auf den Schwarzwaldbergen noch die letzten Schneeinseln leuchten. Die Hochsaison ist von Mai bis Mitte Juni. Gleichzeitig werden die Erdbeeren reif und das große Schlemmen kann beginnen. Die Speisekarten in den Restaurants übertreffen sich mit Spargelkreationen und Erdbeerdesserts. Und am Straßenrand wachsen Verkaufsstände wie Pilze aus dem Boden, an denen Spargel und Erdbeeren direkt vom Feld verkauft werden. Frischer geht's nicht. Wer sich selbst als Spitzenkoch versuchen will, kann hier beherzt zugreifen. Zumal es den passenden Wein gleich mit zu kaufen gibt. Einer der großen Anbieter ist der Spargel- und Erdbeerhof Fritz Waßmer aus Bad Krozingen, der auch ein renommiertes Weingut betreibt. Als idealen Begleiter für das Edelgemüse findet man hier Weißen Burgunder, Müller-Thurgau oder Gutedel, den Klassiker der Region.

Eine Art badisches Nationalgericht ist frischer Spargel mit Kratzede, einem in Stücke gerissenen Pfannkuchen. Dazu gibt es wahlweise Schinken, und wer Kalorien nicht scheut, kann sich noch einen Klacks selbst gerührte Mayonnaise dazu gönnen. Puristen verzehren das Edelgemüse am liebsten mit neuen Kartoffeln und etwas gebräunter Butter.

Dass sich das Markgräflerland als idealer Spargel-Standort qualifizieren konnte, hat mehrere Gründe. Ein Vorteil ist der sandige Boden, der den zarten Spargelstangen den Weg ans Tageslicht erleichtert. Außerdem sorgen viele Sonnenstunden dafür, dass die Erde im Frühjahr gut vorgewärmt ist. Um die Saison möglichst bald zu beginnen, wird inzwischen meist mit Plastikfolien nachgeholfen.

Das Rezept für Kratzede (Betonung auf der ersten Silbe!) und jede Menge Tipps rund um den Spargel finden Sie auf www.markgraefler-land.com unter dem Stichpunkt »Wein & Kulinarik«.

8

Römerradweg
Ein guter Einstieg ist der Römerkeller hinter dem Gelände des Park-Klinikums
Herbert-Hellmann-Allee 46
79189 Bad Krozingen

Tourist-Information Bad Krozingen
Herbert-Hellmann-Allee 12
79189 Bad Krozingen
07633 4008163
www.bad-krozingen.info

GESCHICHTSSTUNDE AUF ZWEI RÄDERN

Römerradweg

Lange fühlten sich die Römer auf der rechten Rheinseite in der Provinz Obergermanien ziemlich wohl. Das milde Klima und der fruchtbare Boden mussten den Vergleich mit der Heimat nicht scheuen. Sie gründeten Siedlungen, bauten Straßen und betrieben Handel. Und sie machten die Germanen mit den Finessen römischer Lebensart bekannt. Die Römerzeit im Südwesten dauerte rund 300 Jahre, dann wurde es ungemütlich. Die Alemannen eroberten ein Gebiet nach dem anderen und die Römer zogen sich auf die sicherere Rheinseite gen Gallien zurück. Von ihren Bauwerken sind heute noch reichlich Spuren zu bestaunen. Seit 2016 lässt sich das Markgräflerland auf dem Römerradweg erkunden. Die Tour eignet sich nicht nur für sportive Altphilologen, sondern für jeden Geschichtsinteressierten.

Als Startpunkt bietet sich der Römerkeller auf dem Sinnighofer Buck hinter dem Kurgebiet von Bad Krozingen an. Er gehörte zu einem der römischen Landgüter, die meist an erhabenen Orten der Region standen, und diente der Aufbewahrung von Wein und Lebensmitteln. 1981 wurde das Kellergewölbe von Archäologen ausgegraben und der Öffentlichkeit zugänglich gemacht. Von hier geht es weiter zur nächsten Attraktion nach Heitersheim.

Der Radweg ist an einem gelben Schild zu erkennen, das einen Radler mit Römer-Helm zeigt. Er wurde von mehreren Gemeinden gemeinsam angelegt und führt bis Rheinfelden. Die Etappen können nach Lust und Laune sowie Kondition gewählt werden. Zur Orientierung dient eine handliche Broschüre, in der die einzelnen Stationen beschrieben und in einer Karte markiert sind. Zu entdecken gibt es Mauerreste von Gutshöfen, Villen, Badeanlagen und Brücken, Spuren von Eisenerzbergbau und eine Fülle von Alltagsgegenständen. Wer das Puzzle zusammensetzt, erhält einen Eindruck vom Leben der Römer im Markgräflerland.

Infos zur Strecke, zum Höhenprofil und Kartenmaterial finden Sie unter www.oberrhein-roemerradweg.de. Die Broschüre ist erhältlich bei allen Tourist-Infos entlang der Strecke, so auch in Bad Krozingen.

9

Vita Classica
Thürachstraße 4
79189 Bad Krozingen
07633 4008140
www.bad-krozingen.info/vita-classica

Oberrheinisches Bäder- und Heimatmuseum
Alte Weinstraße 25
79415 Bad Bellingen-Bamlach
www.bad-bellingen.de

VOM BADEZUBER ZUR WELLNESSOASE

Mineral-Thermalbad *Vita Classica*

Nichts ist unmöglich, dachte Bergrat Dr. Hans Thürach, als er mitten im eiskalten Januar 1911 auf einem Acker nahe dem Markgräfler Dorf Krozingen stand und die Arbeiten an seinem Bohrloch beobachtete. Der Leiter der Geologischen Landesanstalt des Großherzogtums Baden hatte eine geheime Mission im Breisgau zu erfüllen. Er sollte nach Öl suchen, ohne dass die Einheimischen groß Wind davon bekamen. Nicht einfach angesichts des verräterischen Turms, der da in die Landschaft ragte. Nach »eisfreiem Wasser« werde gebohrt, so die offizielle Sprachregelung. Am 25. November sprudelte es tatsächlich. Allerdings kein Öl, sondern Mineralwasser. Das war die Geburtsstunde der Thermalquelle, die das Dorf Krozingen zum Kurort machte. Warum sie ausgerechnet Nena-Quelle nach dem indischen Freiheitskämpfer Nena Sahib genannt wurde, bleibt ein Rätsel. Zumal sich mit dem badischen Revolutionär Friedrich Hecker eine regionale Alternative angeboten hätte.

Die Krozinger jedenfalls waren von ihrer Nena-Quelle begeistert. Sofort wurde ein Holzzuber aufgestellt und muntere »Badekuren« konnten beginnen. Als sich die Dorfjugend – bevorzugt nachts – in dem Bottich mit dem warmen Quellwasser allzu heftig vergnügte, wurde es der Verwaltung mulmig und der nächtliche Badespaß verboten.

Zwischen dem Badezuber auf der grünen Wiese und dem Gesundheitszentrum mit seinen Kur- und Reha-Einrichtungen liegen über 100 Jahre und eine enorme Entwicklung. Drei Quellen liefern heute das Mineral-Thermalwasser, dessen Kohlensäurekonzentration mit zur höchsten in Europa gehört. Die *Vita Classica* bietet ein Thermalschwimmbad samt Außenbecken, einen Bereich für Wassergymnastik, außerdem Saunalandschaft, Dampfbad und ein Japanisches Bad. Dank Nena entwickelte sich Bad Krozingen zu einem der beliebtesten Kurorte des Landes.

Mehr über die Geschichte der Thermalbäder der Region erfährt man im Oberrheinischen Bädermuseum in Bad Bellingen.

10

Schloss Bad Krozingen mit Sammlung historischer Tasteninstrumente
Am Schloßpark 7
79189 Bad Krozingen
07633 3700
www.schlosskonzerte-badkrozingen.de

PREZIOSEN AUS DREI JAHRHUNDERTEN

Schloss Bad Krozingen mit Sammlung historischer Tasteninstrumente

Das Ambiente könnte nicht besser passen. Das idyllisch in einem kleinen Park gelegene Schloss von Bad Krozingen beherbergt eine einmalige Sammlung historischer Tasteninstrumente. Das Besondere ist, dass man die außergewöhnlichen Klangkörper nicht nur sehen, sondern auch hören kann. Die meisten wurden von Experten sorgfältig restauriert und sind einsatzbereit. Sie stehen im Mittelpunkt der Bad Krozinger Schlosskonzerte und werden von namhaften Künstlern gespielt. Für die Zuhörer eine wunderbare Gelegenheit, die Musik vergangener Epochen so zu hören, wie sie einst geklungen hat.

Die *Sammlung historischer Tasteninstrumente Neumeyer-Junghanns-Tracey* umfasst rund 50 Exemplare aus der Zeit von 1600 bis 1860. Darunter ein Orgelpositiv, das um 1730 gebaut wurde, Spinette, Spinettinos, Virginale, Cembali, Clavichorde, Tangentenflügel, Tafelklaviere und Hammerflügel. Die Instrumente kommen aus renommierten Werkstätten, darunter die von Nannette Streicher, die sich 1794 in Wien niederließ und dort Mitbegründerin eines der bedeutendsten Klavierbauunternehmen war. Für eine Frau war das damals eine Ausnahmekarriere. Ihr Grabmal kann man noch heute auf dem Wiener Zentralfriedhof besichtigen.

Dass die Preziosen ausgerechnet in Bad Krozingen zu bestaunen sind, ist der Aneinanderreihung gleich mehrerer Glücksfälle zu verdanken. Zunächst einmal war da die Leidenschaft von Fritz Neumeyer, von 1946 bis 1968 Professor an der Musikhochschule Freiburg und einer der bedeutendsten Interpreten alter Musik. Er legte den Grundstein für die Sammlung, die von seinen Schülern Rolf Junghanns und Bradford Tracey weiter ausgebaut wurde. Eine angemessene Bleibe fanden die Instrumente 1974 in dem 1579 als Propstei des Klosters St. Blasien erbauten Schloss, das am Rande des Zentrums von Bad Krozingen liegt und sich heute in Privatbesitz befindet.

Die Schlosskonzerte finden im ehemaligen Festsaal statt, der allein schon wegen seiner Tapisserien und der reichen Stuckdekorationen ein Erlebnis ist. Im Anschluss sind Führungen durch die Sammlung möglich.

11

Meistermann-Fenster der Christuskirche
Schwarzwaldstraße 7
79189 Bad Krozingen
07633 3242
www.evkirche-bk.de

LEUCHTTURM DER GLASMALEREI

Meistermann-Fenster der Christuskirche

Was haben die evangelische Kirche in Bad Krozingen und das Willy-Brandt-Forum in Unkel gemeinsam? Der verbindende Name lautet Georg Meistermann. In beiden Häusern sind Arbeiten des 1990 verstorbenen Künstlers zu sehen. In Unkel handelt es sich um das berühmte Willy-Brandt-Porträt, das zunächst im Kanzleramt hing, dann aber das Missfallen des damaligen Hausherrn erregte und ausquartiert wurde. Das kann mit den Kirchenfenstern in Bad Krozingen nicht passieren, denn zum einen sind sie fest installiert und zum anderen sind die Besitzer stolz darauf.

Als die Christuskirche 1981 renoviert wurde, nutzte man die Gelegenheit, um die Fenster künstlerisch gestalten zu lassen. Den Auftrag erhielt der renommierte Professor Georg Meistermann, der unter anderem an der Akademie der Bildenden Künste München und an der Kunstakademie Düsseldorf gelehrt hatte. Unter dem Motto *Die Erscheinungsweisen Gottes* gestaltete er zehn Kirchenfenster mit abstrakten Motiven. Jedes hat ein eigenes Thema, das für ein Zitat aus der Bibel steht. So entstanden beispielsweise das Schöpfungs-Fenster, das Abraham-Fenster, das Moses-Fenster oder das Tor-zum-Leben-Fenster. Letzteres ist kleiner als die anderen und auf der Empore zu finden. An ihm wird das Prinzip Meistermanns besonders deutlich, der Farbgebung als das Werk des Menschen versteht, das durch das Licht Gottes erst zum Leben erweckt wird.

Unbestritten ist, dass Meistermann in Bad Krozingen Kunstwerke geschaffen hat, die die von außen so bescheiden wirkende Christuskirche in einen Leuchtturm moderner Glasmalerei verwandeln. Insgesamt gestaltete der Künstler über 1.000 Kirchenfenster in ganz Europa und prägte damit die Glaskunst des 20. Jahrhunderts, sodass man in den USA sogar von einem »german-Meistermann-style« spricht.

Der Freiburger Künstler Hans-Günther van Look war ein Schüler von Georg Meistermann. Er kreierte 2001 im Freiburger Münster ein Fenster zur Erinnerung an Edith Stein, die 1998 heiliggesprochen worden war.

12

Glöcklehofkapelle
Zufahrt über Staufener
Straße 70
79189 Bad Krozingen

Tourist-Information
Bad Krozingen
Herbert-Hellmann-Allee 12
79189 Bad Krozingen
07633 4008163
www.bad-krozingen.info

ÜBER 1.000 JAHRE ALTE FRESKEN

Glöcklehofkapelle

Was für ein Glück, dass man früher als Kurgast in Bad Krozingen zwischen all den gesundheitsfördernden Anwendungen in den Heilquellen Zeit hatte, die Umgebung zu erkunden. Diesem Umstand ist es zu verdanken, dass 1936 ein bedeutender Kulturschatz entdeckt wurde. Es handelt sich um das Wandfresko der Glöcklehofkapelle mit einer der ältesten Christusdarstellungen nördlich der Alpen.

Um in der winzigen Kapelle am Stadtrand eine derart herausragende Preziose zu identifizieren, bedurfte es eines in Denkmalsachen geschulten Kennerblicks. Und genau den hatte jener Kurgast seinerzeit, denn er war der Kunstbeauftragte der Diözese Rottenburg. Die an der Altarwand freigelegten Wandmalereien zeigen das Martyrium von Johannes dem Täufer und werden wie die Kapelle auf das Jahr 1000 datiert. Als Vorlage dienten vermutlich Buchmalereien von Mönchen des Klosters von der Insel Reichenau am Bodensee. 2009 wurde das Fresko konserviert.

Die Glöcklehofkapelle wurde im romanischen Stil errichtet. Sie liegt zwischen alten Kastanien, Glyzinien- und Efeuranken in einem besonders idyllischen Winkel neben einem Bauernhof und einem Gasthaus – so versteckt, dass sie leicht übersehen wird. Archäologen fanden heraus, dass sie ursprünglich zu einem mittelalterlichen Gehöft gehörte und im Auftrag des Klosters St. Gallen erbaut wurde. Das weiß verputzte Mauerwerk besteht aus groben Feld- und Wackersteinen aus dem Rhein. Die dicken Wände wirken etwas schief, was der Kapelle ein besonderes Flair verleiht. Auffallend sind die kleinen, hoch oben im Langschiff angebrachten Rundbogenfenster. Seit 1775 ist die Glöcklehofkapelle dem heiligen Ulrich geweiht. Aus dieser Zeit stammt wahrscheinlich auch der barocke Dachreiter, der kess auf dem sonst romanischen Bauwerk sitzt.

Wer mehr über die Geschichte von Bad Krozingen und Umgebung erfahren will, dem sei ein Besuch im Stadtmuseum Litschgihaus empfohlen. Basler Straße 10, 79189 Bad Krozingen

18

Himmelsstäpfele
Startpunkt: St. Georg
Wentzingerstraße 8
79238 Ehrenkirchen-Ehrenstetten
Links hinter der Kirche führt eine Treppe hinauf zum Rebsträßchen. Nach circa 500 Metern erreichen Sie das Himmelsstäpfele.

Tourist-Information Ehrenkirchen
Jengerstraße 6
79238 Ehrenkirchen
07633 80447
www.ehrenkirchen.de

STUFE FÜR STUFE INS PARADIES

Die Treppe *Himmelsstäpfele* auf dem Ölberg

Treppensteigen soll ja bekanntlich die Fitness fördern. Zu einem ganz besonderen Erlebnis wird diese Form der körperlichen Ertüchtigung auf dem *Himmelsstäpfele* oberhalb von Ehrenstetten. Auf 70 – gefühlt mindestens 170 – schmalen Stufen aus grob behauenem Kalksandstein stapft man gen Himmel. Rechts und links Weinstöcke, dazwischen allerlei Blümchen, Kräutchen, Bienen und Schmetterlinge. Auf halber Höhe eine Wiese mit Sonnenbank, die dazu verführt, das Fitnessprogramm durch eine Verschnaufpause oder gar ein Picknick zu unterbrechen.

Das *Himmelsstäpfele* führt mitten durch das Herzstück der uralten Rebfläche auf der Südseite des Ölbergs, die in schweißtreibender Steillage am Hang klebt. Einst wuchsen hier ertragreiche Rebsorten wie Elbling und Räuschling – was für ein sprechender Name. Für die Winzer war die Arbeit in diesen Parzellen jedoch weniger himmlisch als vielmehr die Hölle und wirtschaftlich alles andere als rentabel. Deshalb verwilderten die Reben und die Trockenmauern und Stufen zerbröselten nach und nach. Bis sich 1995 eine Arbeitsgruppe aus engagierten Bürgern, Winzern, Maurern, Steintreppenlegern sowie ehrenamtlichen und professionellen Naturschützern ans Werk machte, um den alten Weinberg zu retten. In diesem Zuge wurde auch das wunderbare *Himmelsstäpfele* saniert. Es gehört zu den etwas unbekannteren himmlischen Plätzen im Markgräflerland.

Oben angekommen erreicht man nach wenigen Metern die Ölbergkapelle, einen markanten Blickfang, der als Fotomotiv und Picknickplatz gleichermaßen beliebt ist. Zu Recht, denn der Ölberg bietet eine paradiesische Aussicht auf die Schwarzwaldberge, die Staufener Burg und die Rheinebene. Die Kapelle wurde 1954 zum Gedenken an die ums Leben gekommenen Soldaten der beiden Weltkriege errichtet und ist Endpunkt eines Stationenweges.

Die Kleinterrassen im Naturschutzgebiet Alter Ölberg werden vom Weingut Herbster ökologisch bewirtschaftet. Von hier stammt ein Crémant, den es zu probieren lohnt. www.herbster-weine.de

14

Steinzeitliche Höhlen
Startpunkt: St. Georg
Wentzingerstraße 8
79238 Ehrenkirchen-Ehrenstetten
Links hinter der Kirche gelangt man über eine Treppe zu einem Wirtschaftsweg. Diesem immer geradeaus folgen, vorbei am Himmelsstäpfele bis zu einer Weggabelung. Hier geht es leicht rechts ins Rebgelände, wo ein Naturpfad beginnt und zu den Steinzeithöhlen führt. Gehzeit circa eine Stunde.

Tourist-Information Ehrenkirchen
Jengerstraße 6
79238 Ehrenkirchen
07633 80447
www.ehrenkirchen.de

PICKNICK IN DER TEUFELSKÜCHE

Steinzeitliche Höhlen

In Teufels Küche kommt man normalerweise, wenn man etwas ausgefressen hat und erwischt wird. In unserem Fall begibt man sich erst einmal ganz brav auf den Pilgerpfad in Richtung Ölberg. Statt der Kapelle zuzustreben, folgen wir dem Wegweiser »Steinzeitliche Höhlen«. Die gehören seit Urzeiten zu den Orten, die einen unheimlichen Ruf haben und deshalb im Volksmund mit dem Teufel in Verbindung gebracht werden. So entstand der Name Teufelsküche für die größte der etwa 35.000 Jahre alten Höhlen am Osthang des Ölbergs zwischen Ehrenkirchen und Bollschweil. Rentierjäger sollen sich hier aufgehalten haben. Es handelt sich um einen der ältesten Siedlungsfunde in Südbaden.

Der Weg zu den Höhlen ist ein Abenteuer, das mit echtem Steinzeitfeeling belohnt wird. Bereits nach wenigen Metern befindet man sich auf einem schmalen Pfad. Zwischen Reben und Brombeergestrüpp geht es durchs kniehohe Gras, dann im Wald über Wurzeln und Steine, bergauf, bergab. Hier entlang quälten sich also vor zigtausend Jahren die Steinzeitmenschen! Unvermittelt steht man plötzlich vor der ersten Höhle. Finster gähnt der Schlund zwischen Efeuranken und Gestrüpp. Der Eingang ist ziemlich niedrig, der Einstieg nicht empfehlenswert.

Die Teufelsküche taucht gut 100 Meter weiter am Hang auf. Sie besteht aus begehbaren, unterschiedlich großen Nischen in einer über zehn Meter hohen Felswand. Man nimmt an, dass sie einst mit grobem Werkzeug aus dem Kalkstein gehauen wurde. Ob sie als Behausung diente, als Schutzraum oder als Lager für Vorräte, bleibt das Geheimnis der Rentierjäger. Heute bietet sie jedenfalls Platz für ein perfektes steinzeitliches Picknick. Die beste Zeit dafür ist ein warmer Tag im Frühling oder Herbst. Dann kann man sicher sein, von den Mücken nicht zu einer unfreiwilligen Blutprobe gebeten zu werden.

Stabiles Schuhwerk ist sehr empfehlenswert. Bei der Tourist-Info im Rathaus von Ehrenkirchen gibt es einen Wanderführer, in dem auch die Route zur Teufelsküche vermerkt ist.

15

Burgruine Staufen
Burgweg
79219 Staufen

Tourist-Information im Rathaus
Hauptstraße 53
79219 Staufen
07633 80536
www.muenstertal-staufen.de

RITTER, SILBER, ABENTEUER

Burgruine

Wie ein umgestürzter Kelch erhebt sich der Burgberg von Staufen zwischen der Rheinebene und den Vorbergen des Schwarzwaldes. Ein Bilderbuchmotiv. Oben thronen die mächtigen Mauerreste der einst stattlichen Burg. Der kurze, aber steile Aufstieg durch die Weinberge wird mit einer märchenhaften Aussicht belohnt. Die verwitterte, von Brombeergestrüpp und Efeu umrankte Fassade weckt Dornröschenfantasien. Ob hier oben Prinzessinnen gerettet werden mussten, ist nicht überliefert. Eigentümer der Burg waren die Herren von Staufen. Sie waren finanziell oft ziemlich klamm und hatten genug damit zu tun, sich selbst zu retten.

Die ersten schriftlichen Zeugnisse über die Burg stammen aus dem Jahr 1248, wahrscheinlich wurde sie aber schon um 1100 erbaut. Der kegelförmige Berg galt bereits bei den Römern als strategische Premiumlage. Die Herren von Staufen wurden hier von dem Fürstengeschlecht der Zähringer installiert, um das Münstertal und den Schwarzwald zu erschließen und vor allem den Handel mit dem dort abgebauten Silber zu überwachen. Dabei waren sie offenbar nicht zimperlich, denn oft ächzten die Untertanen unter der Last der Abgaben und Frondienste.

Als die Einnahmen aus den Silberminen im Münstertal versiegten, gerieten die Burgherren immer mehr in Bedrängnis. 1549 unternahm Anton von Staufen einen verzweifelten Rettungsversuch: Er verpfändete seinen gesamten Besitz und den seiner Familie. Sein Sohn starb ohne männliche Nachkommen, und nach jahrelangen Erbstreitigkeiten ging die Burg mitten im Dreißigjährigen Krieg 1626 an das Haus von Schauenburg über. 1633 wurde sie von schwedischen Truppen zerstört. Der Stadt Staufen gelang es schließlich, die Ruine zu retten. Heute ist sie ein Kulturdenkmal und der Burgberg mit seinen alten Rebanlagen steht unter Landschaftsschutz.

Das Stadtwappen von Staufen, drei goldene Kelche, geht auf das der Herren von Staufen zurück. Es verweist auf den (Wein-)Kelch und die kegelförmige Form des Burgbergs, heute Schlossberg genannt.

16

Auerbachs Kellertheater
Auf dem Rempart 7
79219 Staufen
07633 500350
www.auerbachs-kellertheater.de

WELTLITERATUR IM ALTEN SCHNAPSLAGER

Auerbachs Kellertheater

In Staufen gilt es als Institution und für die Region ist es ein Glücksfall: Die Rede ist von Auerbachs Kellertheater. Das subventionsfreie Ausnahme-Theater beruht auf einer mutigen Ein-Mann-Initiative. Eberhard Busch hat 1987 das gemacht, was man landläufig als Wahnsinn bezeichnet. Er gründete ohne öffentliche Zuschüsse seine eigene Bühne. Damit erfüllte er sich einen lang gehegten Traum, denn theaterinfiziert war er schon als junger Mann. Heute ist er Schauspieler, Regisseur, Intendant, Bühnenbauer, Stückeschreiber und Kassierer in Personalunion. Gespielt wird in einem der ehemaligen Schnapslager der Staufener Spirituosenbrennerei Schladerer, einem Gewölbekeller mit 99 Sitzplätzen.

Auf dem Programm steht nichts Geringeres als Weltliteratur. Angefangen hat es – womit sonst in Staufen? – mit *Faust I*. Das Bühnenbild war gleichermaßen virtuos und ökonomisch aus einem Bündel Dachlatten gezimmert. Shakespeare, Molière, Schiller, Lessing, aber auch eigene Stücke, die zum Beispiel Themen aus der Region aufgreifen. Tragödien wie Komödien, Besinnliches und Heiteres. Intelligente Inszenierungen ohne intellektuellen Overkill und Anbiederung an den Zeitgeist, so will es der Theatermacher. Faszinierend ist, wie niveauvolles Theater auch mit minimalsten bildnerischen Mitteln und einem technischen Aufwand, der gegen null tendiert, gelingen kann. Dabei bleibt die Bühne nicht kahl. Im Gegenteil, die Kulissen sind liebevoll im Stil der Zeit gestaltet, in der das Stück spielt, und die Kostüme sorgfältig darauf abgestimmt.

Unterstützt werden die Anschaffungen für die Bühnenausstattung von einem engagierten Förderverein. Seine Mitglieder kommen aus ganz Deutschland. Ein Beweis dafür, dass nicht nur das Publikum aus der Region das kleine Kellertheater zu schätzen weiß.

Die Vorstellungen in Auerbachs Kellertheater sind meist sehr schnell ausverkauft. Deshalb lohnt es sich, Karten zu reservieren.

17

Mittelalterliche Altstadt
Startpunkt Spaziergang:
Parkplatz Am Schießrain
79219 Staufen

Tourist-Information im Rathaus
Hauptstraße 53
79219 Staufen
07633 80536
www.muenstertal-staufen.de

ZERREISSPROBE FÜR EINE STADT

Mittelalterliche Altstadt

An den Rissen, mit denen die Fassade des Gasthaus zum Löwen übersät ist, trifft den unglückseligen Doktor Faustus keine Schuld. Sie stammen von einem neuzeitlichen Experiment, das ebenfalls gründlich danebenging. Die Risse, die inzwischen rund 260 Gebäude der mittelalterlichen Altstadt von Staufen durchziehen, sind die Folge einer missglückten Geothermiebohrung im Zusammenhang mit der Sanierung des Rathauses im Jahr 2007. Der malerische Bau mit seinen prächtigen Wappen auf der Fassade ist ein Blickfang im Stadtzentrum.

Man wollte der Umwelt etwas Gutes tun und mit Erdwärme heizen. Dazu waren Bohrungen in bis zu 140 Meter Tiefe nötig. Bald nach Beginn der Arbeiten bildeten sich an einigen Häusern rund um das Rathaus die ersten feinen Haarrisse. Nach wenigen Monaten waren über 100 betroffen und zum Entsetzen der Staufener vergrößerten sich die Risse kontinuierlich.

Was war passiert? Ein erstes Gutachten förderte zutage, dass bei den Bohrungen Wasser in eine Gipskeuperschicht im Boden eingedrungen ist. Dadurch verwandelte sich diese Erdschicht in Gips, begleitet von einer Volumenzunahme von bis zu 60 Prozent. Die Folge: Der Boden hob sich bis zu rund 60 Zentimeter. Seit 2007 nimmt dieses Verhängnis seinen Lauf, während gleichzeitig mit enormem technischen Aufwand versucht wird, ein weiteres Eindringen von Wasser in die Gipskeuperschicht zu verhindern.

Die Schäden durch die Risse sind gewaltig, ebenso die Schadensersatzforderungen. Mittlerweile wurde sogar eine Stiftung zur Erhaltung der denkmalgeschützten Altstadt in Staufen gegründet. Unter dem Motto *Staufen darf nicht zerbrechen* kämpft sie dafür, die durch Hebungsrisse an den Gebäuden entstandenen Schäden zu beseitigen. Es ist ein Wettlauf mit der Zeit. Und das Bizarre daran ist, dass die Risse der Stadt Staufen fast ebenso viel Bekanntheit bescherten wie Faust.

Staufen ist auch die Heimat der Hausbrennerei Schladerer, deren Kirschwasser in der Schwarzwälder Kirschtorte weltweit Karriere machte. Hinter die Kulissen blicken kann man bei einer Führung: tour@schladerer.de

18

Café Decker
Hauptstraße 70
79219 Staufen
07633 5316
www.cafe-decker.de

SÜNDENFALL IM TORTEN-TEMPEL

Café Decker

Die Konditorei alter Schule, wo eine kalorienpralle bunte Tortenherrlichkeit aus eigener Herstellung ihre Reize in einer meterlangen Theke entfaltet, hat heute Seltenheitswert. Zum einen erfordern all die kunstvollen Werke aus Buttercreme, Sahne, Schokolade und anderen Ingredienzien großes handwerkliches Können und zum anderen steht ihr Verzehr in krassem Gegensatz zum Diktat des Body-Mass-Index. Trotzdem. Manchmal muss die Welt einfach hinter einem großen Stück Sahnetorte verschwinden. Dann ist die Zeit reif für das Café Decker in Staufen.

Der Torten-Tempel liegt an einer hübschen gusseisernen Brücke, die über das Flüsschen Neumagen führt. Schon beim ersten prüfenden Blick Richtung Theke schlägt das Herz höher, und schnell wird klar: die Qual der Wahl, da muss man durch. Allein über 20 verschiedene Sahnetorten und Kuchen sind im Angebot, darunter Evergreens wie die Schwarzwälder Kirschtorte, die Agnes-Bernauer-Torte, die Tessiner Himbeersahne. Hinzu kommen saisonale Spezialitäten wie zum Beispiel Spargeltorte, Linzertorte, Neujahrsbrezeln oder Osterfladen. Neben all den Klassikern der Konditorenkunst wird noch eine riesige Auswahl an Petit Fours sowie Pralinen geboten, und im Sommer haben gewaltige Eisbecher mit hausgemachtem Konditoreneis Konjunktur.

Der Kaffeeklatsch findet auf zwei Etagen statt. Die Terrasse bietet einen Blick über Dächer und Hinterhöfe des Städtchens bis hinauf zur Burg. Kult sind die Plätze auf der gusseisernen ehemaligen Eisenbahnbrücke vor dem Café. Sie ist die einzige noch erhaltene in Deutschland und avancierte deshalb zum Kulturdenkmal. Zu Stoßzeiten am Nachmittag gleicht das Decker einem Bienenstock. Im Stimmengewirr hört man Schwiizerdütsch, Niederländisch, Englisch, Französisch und natürlich Alemannisch.

Die Agnes-Bernauer-Torte ist eine Schichttorte. Sie erinnert an die tragische Liebesgeschichte der Bauerntochter und dem Wittelsbacher Herzog Albrecht in Straubing.

19

Gasthaus zum Löwen
Rathausgasse 8
79219 Staufen
07633 9089390
www.fauststube-im-loewen.de

EXPLOSION IN ZIMMER FÜNF

Gasthaus zum Löwen

Es gibt Jobs, die haben von Anfang an Schieflage. Zu komplex die Stellenbeschreibung, zu hoch die Ansprüche des Arbeitgebers, zu unspezifisch die Qualifikationen des Arbeitnehmers. Im Falle des Johann Georg Faust aus Knittlingen endete der Job sogar tödlich. Dabei hatte er sich Hilfe von ganz unten geholt.

Doch der Reihe nach: Lange konnten die Herren von Staufen von den Einnahmen aus dem Silberbergbau im Münstertal gut leben. Ab 1535 war jedoch Schicht im Schacht und in der Kasse derer von Staufen herrschte Ebbe. Anton von Staufen suchte nach einer Lösung. Zum Glück war er gut vernetzt. Er erinnerte sich an einen Studienkollegen (Gottfried von Zimmern), der jemanden kannte (Franz von Sickingen), der wiederum von jemandem wusste, der helfen konnte. Dieser Jemand war der Wunderheiler und Alchemist Johann Georg Faust, der später als Doktor Faustus in die Weltliteratur eingehen sollte. Zunächst einmal zog er jedoch in den Löwen in Staufen ein, heute das drittälteste Gasthaus Deutschlands. Er mietete das Zimmer Nummer fünf und installierte neben dem Himmelbett sein Labor. Sein Job war es, für Anton von Staufen Gold herzustellen. Begleitet wurde er von einem unheimlichen Gesellen, den er als seinen Schwager vorstellte.

Die Sache ging bekanntlich gründlich schief. Obwohl Faust fleißig experimentierte, blieb der Goldsegen aus. Stattdessen erschütterte eines Nachts eine gewaltige Explosion das Haus und am Morgen fand man den Doktor mit gebrochenem Genick. Die Luft schwefelschwanger, vom Schwager alias Mephisto keine Spur. Pech für Faust und Anton von Staufen, Glück für die Stadt, die sich heute Faust-Stadt nennt. Fausts Höllenfahrt schmückt die Fassade des Löwen. Die Fauststube des Gasthauses lädt zum Aufenthalt in sagenumwobenem Ambiente ein und die Sonnenterrasse bietet einen Treffpunkt für Romantiker.

Wer das Faust-Thema vertiefen möchte, kann an einer Mephisto-Tour teilnehmen und bei diesem außergewöhnlichen Stadtrundgang höllisch gute Seiten von Staufen kennenlernen.
www.outdoortheater.de

20

Keramikmuseum Staufen
Wettelbrunner Straße 3
79219 Staufen
07633 6721
www.landesmuseum.de

WENN TRÄUME WAHR WERDEN

Keramikmuseum

Emma Bregger hatte einen Traum. Sie wollte das, wofür sie gelebt hatte, nicht der Vergessenheit preisgeben. Sie wollte die schönen Dinge, die sie, ihr Vater und ihr Ehemann geschaffen hatten, der Öffentlichkeit zugänglich machen. Und sie wollte nicht akzeptieren, dass ihr Handwerk nicht mehr gewürdigt wird. Emma Bregger träumte von einem Keramikmuseum in Staufen. Mit eisernem Willen, über Jahrzehnte hinweg gegen sämtliche Widerstände, setzte sie alles daran, um diesen Traum zu realisieren. 1991 war es so weit. Als Zweigstelle des Badischen Landesmuseums Karlsruhe wurde das Keramikmuseum in dem Haus eröffnet, das aufs Engste mit Emma Breggers Leben und Wirken verknüpft ist. Seine Einweihung erlebte die resolute Frau nicht mehr, ihr Ziel hat sie dennoch erreicht.

Als Tochter des letzten Staufener Töpfermeisters Josef Maier wurde sie 1903 in diesem Gebäude geboren und arbeitete ihr Leben lang in der dortigen Werkstatt ihres Vaters. Das Museum zeigt in Wechselausstellungen die Bandbreite keramischen Schaffens, sowohl auf handwerklicher als auch auf künstlerischer Ebene. Das Herzstück des Hauses ist die alte Werkstatt mit Tongrube, Töpferscheibe, Glasurmühle und den beiden Brennöfen, die nach einem ausgeklügelten System mit Holz befeuert wurden. Die Werkstatt sieht aus, als sei der Meister nur kurz vor die Tür gegangen. Auf der Töpferscheibe steht eine Figur, der Ofen ist voll gebrannter Teller, Krüge und Schüsseln, auf den Arbeitstischen und in Regalen lagern fertige Stücke.

Emma Bregger bewahrte ausgewählte Arbeiten ihres Vaters und ihres Mannes, Egon Bregger, auf, der künstlerisch arbeitete und im Austausch mit bedeutenden Keramikern seiner Zeit stand. Schließlich umfasste die Sammlung 10.000 Stücke, die heute das Fundament des Museums bilden.

In der Galerie des Keramikmuseums werden regelmäßig Arbeiten regionaler und überregionaler zeitgenössischer Künstler gezeigt.

21

Coffee & more
Kaffeerösterei
St.-Johannesgasse 14
79219 Staufen
07633 981824
www.coffeeandmore.de

WO DIE BOHNEN DUFTEN

Kaffeerösterei Coffee & more

Wenn eine Altstadt sich so malerisch herausputzt wie in Staufen und noch dazu unter Denkmalschutz steht, dann ist es ganz natürlich, dass es hier touristisch brummt. Doch es lohnt sich auch, den Stadtkern einmal zu verlassen und den mittelalterlichen Gässchen zu folgen, in denen es überraschend still wird. Schmale, von den Jahrhunderten gebeugte Häuser lehnen sich aneinander, Kopfsteinpflaster, winzige Gärten, Brunnen, an denen Gießkannen gefüllt werden, dazwischen kleine Handwerksbetriebe, etwas Kunstgewerbe, die eine oder andere Galerie. Eine fast dörfliche Idylle – auch das ist Staufen. Eine echte Entdeckung kann man gegenüber der St.-Martin-Kirche in der St.-Johannesgasse machen: Die Kaffeerösterei von Thomas Schüle samt Café mit dem so gar nicht mittelalterlichen Namen »Coffee & more« ist ein Treffpunkt für Eingeweihte. Im Sommer stehen ein paar zierliche Tischchen am Straßenrand oder im Schatten der Kirchenmauer. Den Kaffee gibt's via Selbstbedienung. Aber was für einen! Frisch geröstet und duftend. Dazu morgens Croissants und am Nachmittag selbst gebackenen Kuchen, solange der Vorrat reicht.

Die Weltreise in Sachen Aroma beginnt im Flur gleich neben der Haustür, wo in glänzenden Behältnissen Bohnen aus Afrika, Asien und Südamerika lagern. Insgesamt 36 Sorten sind vorrätig und alle wichtigen Herkunftsländer mit Spezialitäten vertreten, darunter Guatemala, Kuba, die Dominikanische Republik und natürlich Äthiopien, die Wiege des köstlichen Getränks. Man wird sachkundig beraten und erfährt dabei auch, warum Kaffee aus Äthiopien eher ein Blaubeeraroma hat, während der aus Kuba fast schokoladig schmeckt. Das winzige Café in dem 400 Jahre alten Haus mit der niedrigen Decke und dem liebevoll kombinierten Mobiliar ist Probierstube und Ort für den kleinen Schwarzen zwischendurch.

Noch mehr über Kaffee erfährt man bei Workshops, bei denen auch die Röstmaschine im Nebenraum in Betrieb gesetzt wird. Anmeldung direkt beim Coffee & more.

22

Alemannenbad
Albert-Hugard-Straße 30
79219 Staufen
07633 929301
www.alemannenbad.de

Tourist-Information im Rathaus
Hauptstraße 53
79219 Staufen
07633 80536
www.muenstertal-staufen.de

STILVOLL ABTAUCHEN

Alemannenbad

Weil das Markgräflerland eine der sonnigsten Ecken Deutschlands ist, kommt es vor, dass im Sommer schnell die 30-Grad-Marke geknackt wird. Dann ist eine Abkühlung willkommen. Besonders stilvoll kann man sich im historischen Alemannenbad in Staufen in die Fluten stürzen. Das idyllisch gelegene Familienbad mit seinen denkmalgeschützten Kabinen bietet die besten Voraussetzungen, um selbst sehr warme Temperaturen angenehm zu verbringen: ein modernes Schwimmbecken für die körperliche Ertüchtigung, eine schöne Liegewiese zum Relaxen, mächtige alte Bäume für Schattenanbeter, ein Planschbecken und ein Sandkasten, damit sich auch der Nachwuchs amüsiert, eine Beachvolleyball-Anlage, auf der sich die etwas Größeren austoben können, und ein Kiosk zum Auffüllen leerer Kaloriendepots.

Wer das Alemannenbad besucht, hat den Eindruck, dass jeder jeden kennt. Es herrscht eine familiäre Atmosphäre, in der auch Erstbesucher sich sofort willkommen fühlen. Das Wir-Gefühl kommt nicht von ungefähr. Es hängt nicht zuletzt mit der Geschichte dieser traditionsreichen Badeanstalt zusammen.

1893 wurde das Alemannenbad eröffnet, das damals noch von dem Flüsschen Neumagen gespeist wurde. Generationen von Einheimischen lernten hier schwimmen und ganz nebenbei wurde so manche Freundschaft fürs Leben geschlossen. Als das Bad in die Jahre kam und teure Sanierungsarbeiten anstanden, war 2003 eine groß angelegte Rettungsaktion nötig. Ein Förderverein sprang schließlich in die Bresche. Innerhalb kurzer Zeit waren nicht nur 3.000 Unterschriften für den Erhalt des Bades gesammelt, sondern auch Spenden zur Sanierung. Heute ziehen die Stadt, der Pächter und der Förderverein in Sachen Schwimmbad an einem Strang. Und die Staufener sind stolz auf ihr Familienbad.

Einmal im Jahr findet im Alemannenbad ein stimmungsvolles Sommerfest statt. Der Termin wird auf der Internetseite veröffentlicht unter www.alemannenbad.de.

23

Straußenwirtschaft
Probst's Strauße
Schleifsteinhof 2
79219 Staufen-Grunern
07633 7144
www.schleifsteinhof.de

PANORAMA MIT BIBELESKÄS UND CO

Straußenwirtschaft Probst's Strauße in Grunern

Der Besen weist den Weg. Meist sieht er aus, wie man sich das Reisegefährt einer Bilderbuchhexe vorstellt, aus grobem Reisig gebunden, geschmückt mit bunten Bändern, die im Wind flattern. Wo so ein Wegweiser hängt, geht's zur Straußenwirtschaft, kurz »Straußi« genannt. Eine besonders schöne Aussicht auf das Markgräflerland bietet Probst's Strauße auf dem Schleifsteinhof mitten in den Weinbergen oberhalb des Staufener Ortsteils Grunern. Das Panorama mit Staufener Burg, Rheinebene und Vogesen hat Romantik-Potenzial, vor allem abends, wenn im Tal die Lichter glitzern. Selbst Eltern jüngerer Kinder können sich entspannen, denn die Wiese gleich neben der Terrasse ist mit Spielgeräten bestückt und bietet den Sprösslingen Platz zum Toben.

Auf der Karte stehen Schnitzel und Flammkuchen sowie badische Klassiker wie Wurstsalat, Brägele, Bibeleskäs, gerne auch zusammen als Badisches Trio serviert. Wer in eine Strauße geht, darf kein Sternerestaurant erwarten. Das Ambiente ist so rustikal wie die Speisekarte. Draußen robuste Holzgarnituren, drinnen zweckmäßiges Mobiliar. Man ist auf große Besucherzahlen eingestellt, denn vor allem im Sommer brummt eine Strauße zuverlässig.

Im Schwäbischen heißt die Straußenwirtschaft »Besenwirtschaft«. Hier wie dort war das Ganze ursprünglich als unkomplizierter Nebenerwerb für Winzer gedacht. Für ein paar Wochen im Jahr wurden Tische und Bänke in die Scheune gestellt, einige Krüge Wein aus dem Keller geholt und ein einfaches Gericht serviert. Also ein niederschwelliges gastronomisches Angebot, das ohne bürokratische Exzesse und vor allem ohne Konzession auskam. Die Idee wurde allerdings vom Erfolg überholt. Viele Straußenwirtschaften sind mittlerweile Gastronomiebetriebe und haben ganzjährig geöffnet. Zum Glück gibt es dort meist weiterhin Brägele, Bibeleskäs und Co.

Die Badische Zeitung hat einen sehr brauchbaren Straußenführer als App für Smartphones und Tablets herausgegeben. Download unter www.bz-straussenfuehrer.de.

24

Kloster St. Trudpert
St. Trudpert 6
79244 Münstertal
07636 78020
www.kloster-st-trudpert.de

Tourist-Information Münstertal
Wasen 47
79244 Münstertal
07636 70730
www.muenstertal-staufen.de

Silberminen und eine versunkene Stadt

Kloster St. Trudpert

Wie eine Festung erhebt sich das Kloster von St. Trudpert aus dem satten Grün der Bergwiesen im oberen Münstertal. Namensgeber der Anlage war der Heilige St. Trudpert, ein iroschottischer Wandermönch, der hier eine Einsiedelei gründen wollte, von seinen Gehilfen aber ermordet wurde. Ihm zum Gedenken entstand um 900 das erste Benediktinerkloster rechts des Rheins, das bald zu einem Ausgangspunkt für die Christianisierung des Schwarzwaldes avancierte. Die wuchtigen Mauern hielten im Laufe der Jahrhunderte zahlreichen Angriffen stand.

Dass das Kloster St. Trudpert am Rande der untergegangenen mittelalterlichen Stadt Münster liegt, ist für den archäologischen Laien kaum zu erahnen. Ihre ungefähren Dimensionen konnten von Archäologen rekonstruiert werden. Es gab eine Stadtmauer, städtische Infrastruktur und sogar eine Wasserburg. Erstmals schriftlich erwähnt wird Münster 1258, die Blütezeit war um 1300. Der Aufstieg und Fall ist eng mit dem Silberbergbau verknüpft. Es ging um die Ausbeutung der Minen und um die Rivalitäten zwischen den Herren von Staufen, den Eigentümern von Stadt und Kloster, mit den Patriziern von Freiburg, die in den Bergbau investiert hatten. Am Ende stand die Zerstörung von Münster.

Das idyllisch gelegene Kloster gehört heute zur Gemeinde Münstertal und ist Ordenshaus der Schwestern vom Heiligen Joseph zu Saint Marc. Die im Barockstil gehaltene Anlage des Vorarlberger Baumeisters Peter Thumb verfügt nicht nur über einen wunderbaren Klostergarten, sondern auch über eine sehenswerte Kirche mit Deckenfresken von Francesco Antonio Giorgioli aus dem frühen 18. Jahrhundert. Der größte Schatz des Klosters aber ruht meist im Banksafe und ist nur an besonderen Festtagen zu besichtigen. Es handelt sich um ein mit Silber und Gold verziertes Vortragekreuz, in Niello-Technik gearbeitet.

Führungen durch St. Trudpert bietet die Tourist-Information Münstertal an. Ein besonderes Erlebnis sind auch die regelmäßig stattfindenden Konzerte in der Kirche. www.konzerte-st-trudpert.de

25

Die **Putte mit Bienenkorb** stammt aus der Pfarrkirche St. Trudpert

Bienenkundemuseum
Spielweg 55
79244 Münstertal
07636 791105
www.bienenkundemuseum.de

MEHR ALS HONIG

Bienenkundemuseum

Wer nicht gerade Imker ist, versucht in der Regel zu Bienen eine gewisse Distanz zu halten. Selbstschutz sozusagen. Im Bienenkundemuseum in Münstertal hingegen kann man sämtliche Vorsichtsmaßnahmen getrost über Bord werfen und den kleinsten Nutztieren der Welt bei ihrer Arbeit über die Schulter schauen. Ermöglicht wird dieses hautnahe Erlebnis durch eine dicke Glasscheibe, hinter der unzählige Bienen durcheinanderwuseln. Wer Glück hat, entdeckt im Gewimmel sogar die Königin. Was auf den Laien wie Chaos wirkt, sieht für den Fachmann perfekt geordnet aus. Jede Biene ist in einer bestimmten Mission unterwegs. Und dabei geht es um viel mehr als nur um Honig.

Das emsige Bienenvolk hinter der Glasplatte ist eine der Attraktionen im Bienenkundemuseum im ehemaligen Rathaus von Münstertal. Der Besucher wird in ein wahres Bienen-Universum entführt. Rund 1.500 Exponate aus aller Welt wurden über viele Jahre in mühevoller Kleinarbeit zusammengetragen. Liebevoll aufbereitet können sie nun bei einem Rundgang bestaunt werden. Dabei löst die überaus sachkundige Führung so manches Rätsel rund um die Biene und gibt zugleich einen historischen Abriss über das Imkerhandwerk. Eine Schwäche für das klebrig-süße Gold hatten offenbar schon die Steinzeitmenschen.

Beachtlich ist die Zahl der originalen Ausstellungsstücke. Darunter antike Honigtöpfe, Honigschleudern sowie Bienenkörbe und -häuser aus den verschiedensten Kulturkreisen. Hinzu kommen allerlei Raritäten, darunter eine zur Bienenwohnung umfunktionierte Bischofsmütze. Eindrucksvoll sind auch die fantasievoll gestalteten Bienenstöcke, die zum Teil einen Hang zum Skurrilen aufweisen, etwa eine geschnitzte Madonnenfigur, deren Rücken mit einem Bienenkorb verbunden ist. Das Einflugloch für die Bienen befindet sich am Hals der Madonna.

Nach so viel Honig überkommt einen möglicherweise der Appetit auf etwas Deftiges. In diesem Fall empfiehlt sich das Restaurant Spielweg gleich neben dem Bienenkundemuseum.
www.spielweg.com

26

Besucherbergwerk Teufelsgrund
(Geöffnet von April bis Oktober)
Mulden 71
79244 Münstertal
07636 1450
www.besucherbergwerk-teufelsgrund.com

FELSSPALTEN UND FINSTERE STOLLEN

Besucherbergwerk Teufelsgrund

Von der Decke tropft eiskaltes Wasser, am Boden sammeln sich dünne Rinnsale zu braun glänzenden Pfützen. Unendlich lang scheint der Stollen zu sein. Je weiter man vordringt, desto stiller wird es. Nur das Klatschen von Wasser zwischen den Felsspalten ist zu hören und das Knirschen der eigenen Tritte auf dem feuchten Geröll. Teufelsgrund heißt der Ort nicht von ungefähr.

Bergbau wurde hier schon vor 1.000 Jahren betrieben. Seit 1970 ist der Teufelsgrund ein Besucherbergwerk, in dem man in eine ganz andere Welt eintaucht. Bereits nach wenigen Metern ist man froh über den gelben Plastikhelm auf dem Kopf. Trotzdem duckt man sich automatisch, um nicht gegen den harten Fels zu stoßen. Mit jedem Schritt in das feuchtkalte Zwielicht wird der Stollen niedriger. So geht es von Grubenlampe zu Grubenlampe voran. Plötzlich öffnet sich der Gang zu einer Art Halle. Aus einem Seitenschacht klingt Kinderlachen. Eine Schatzsuche läuft auf Hochtouren. Sie ist ein beliebter Teil des Kinderprogramms. Bergmannfeeling für den Nachwuchs, während die Erwachsenen in die Geschichte des Teufelsgrund eintauchen.

Bereits um 900 suchten die Menschen hier offenbar ihr Glück. Beweis dafür ist ein Stück Holzkohle, das man in einem Stollen gefunden hat und auf das Jahr 953 datieren konnte. 1028 schenkte Kaiser Konrad II. das Bergwerk dem Bischof von Basel, 1450 ging es in den Besitz des Klosters St. Trudpert über. Bis ins 16. Jahrhundert wurde im Teufelsgrund Silber abgebaut, im 19. Jahrhundert silberhaltiger Bleiglanz und in den 1940er-Jahren Fluorit. 1958 stand der Bergbau endgültig vor dem Aus. Heute bietet der Teufelsgrund neben Führungen ein überraschend vielseitiges Programm, das von Halloweenpartys über Weinverkostungen bis hin zu Lesungen reicht.

Für Asthmatiker, Allergiker oder Menschen, die an chronischer Bronchitis leiden, wurde in dem ehemaligen Bergwerk ein Heilstollen eingerichtet. Das Klima unter Tage verschafft den Patienten Linderung.

27

Käserei Glocknerhof
Kaltwasser 2
79244 Münstertal
07636 518
www.kaeserei-glocknerhof.de

DEFTIGES VON DER BERGWIESE

Käserei Glocknerhof

Kurz hinter Staufen beginnt das Münstertal, wo sich das Markgräflerland und der Schwarzwald die Hand geben. Eine aufregend schöne und wilde Landschaft. Vom 1.414 Meter hohen Belchen weht stets eine frische Brise, und auf den unglaublich grünen und unglaublich steilen Bergwiesen versenken Kühe ihr Maul ins würzige Gras. Ganz oben am Hang, dort, wo keine Kuh mehr hinwill, meckern Ziegen. Wir nähern uns dem Glocknerhof, einem 300 Jahre alten Bauernhof, der für seinen preisgekrönten Käse bekannt ist.

Was auf den ersten Blick wie eine Märchenlandschaft aussieht, ist für Familie Glockner-Brenneisen Knochenarbeit. Das Bewirtschaften der Hangweiden ist mühsam. Traktorfahren kann hier lebensgefährlich sein, weshalb das Heu für den Winter an manchen Stellen mit der Sense geerntet werden muss. Auch den Milchkühen verlangt das Gelände einiges an Trittsicherheit ab, während die Ziegen als wahre Kletterkünstler vollkommen in ihrem Element sind und sogar an Büschen und jungen Bäumchen Geschmack finden. Auf diese Weise betätigen sich gleichsam als Landschaftspfleger und sorgen dafür, dass die Bergwiesen nicht vom sich ausbreitenden Wald erobert werden.

Schon in der vierten Generation bewirtschaftet die Familie den Hof. Seit 1999 wird die Milch der Kühe und Ziegen zu Käse verarbeitet. Handfeste Delikatessen, frei von Gentechnik. Darunter Spezialitäten wie Frischkäse, Ziegenmünster, Weichkäse mit verschiedenen Kräutern, Belchenkäse und Räucherkäse. Außerdem gehören selbst gemachter Joghurt, Rinder- und Ziegensalami, Speck, Lyoner, Blut- und Leberwurst zum Angebot. Verkauft wird im kleinen Hofladen. Mehrmals in der Woche lädt die Bäuerin zur Hofführung, die zur Freude der Besucher stets in der Probierstube endet.

Der Käse vom Glocknerhof wird von April bis Oktober nicht nur im Hofladen zum Kauf geboten, sondern auch auf dem Wochenmarkt: dienstags in Müllheim, samstags in Münstertal.

28

Kaltwasserhof
Kaltwasser 8
79244 Münstertal
Anfahrt: In Münstertal Richtung Mulden, Kaltwasser bis zum Waldparkplatz. Von hier aus sind es zu Fuß circa 15 Minuten bis zum Kaltwasserhof. Der Weg ist ausgeschildert.

Tourist-Information Münstertal
Wasen 47
79244 Münstertal
07636 70730
www.muenstertal-staufen.de

DONNERBALKEN, RAUCHKÜCHE UND NATUR

Kaltwasserhof

Der ebenso idyllisch wie versteckt im Münstertal gelegene Kaltwasserhof hält, was er verspricht: eiskaltes Wasser. Es plätschert aus dem Berg in einen ausgehöhlten Baumstamm, der unter dem ausladenden Walmdach des fast 300 Jahre alten Bauernhauses steht. So viel zum Badezimmer. Mehr Komfort existiert nicht. Die Outdoor-Toilette heißt Donnerbalken und nach Strom kann man lange suchen.

Das mussten auch die Boros am eigenen Leib erfahren. Die fünfköpfige Familie aus Berlin verbrachte im Rahmen einer Dokusoap 2002 drei Monate auf dem abgelegenen Hof, um unter dem Motto *Schwarzwaldhof 1902* wie vor 100 Jahren von ihrer Hände Arbeit zu leben. Das bedeutete Schwielen, wundgelaufene Füße, Kochen und Brotbacken mit dem Holzofen in der rauch- und rußgeschwängerten Küche, Schlafen auf Strohsäcken und das tägliche Ringen mit den Launen der Natur. Gebannt verfolgten Millionen Fernsehzuschauer diesen Überlebenskampf, der sogar mit dem Grimme-Preis ausgezeichnet wurde. Wer heute durch das Haus geht, hat den Eindruck, die Boros wären gerade mal eben bei der Heuernte auf dem Hang nebenan. Hier eine zurückgeschlagene Bettdecke, dort eine Jacke auf der Kachelofenbank und auf dem Herd ein Wirrwarr aus Töpfen und Pfannen.

Der Kaltwasserhof ist weit mehr als nur Kulisse. Der für die Region typische Eindachhof gilt als Kulturdenkmal. Gebaut wurde er im Stil eines sogenannten Schauinsland-Hauses. Charakteristisch für diesen seltenen Haustyp ist die Holzständer Blockbauweise, bei der die Außenwände nicht aus Brettern oder Mauerwerk bestehen, sondern aus massiven viereckigen Balken. Genutzt wurde der Hof einst vermutlich von Tagelöhnern, die ihn im Nebenerwerb betrieben. Heute kann er besichtigt werden. Und angeblich hat Sarah Wiener in der Rauchküche sogar schon probegekocht.

Auf dem Kaltwasserhof finden auch Führungen statt. Anmeldung bei der Tourist-Info.

29

Goldwaschplatz am Rhein
79395 Neuenburg-Grißheim
Am Kieswerk in der Zollstraße vorbeifahren, vom Parkplatz in Ufernähe sind es nur noch wenige Meter.
www.goldsucher.de (Anmeldung)

RHEINGOLD – MAGISCHE FLITTER

Goldwaschplatz am Rhein bei Grißheim

Wer wollte nicht schon immer einmal einen Schatz heben? Am Rheinufer bei Grießheim kann man zumindest erfahren, wie sich Goldfieber anfühlt. Eine kleine Bucht ist Startpunkt für eine ganz besondere Expedition und ein Abenteuer, bei dem man den geschichtsträchtigen Fluss ganz anders kennenlernt.

Kaum zu glauben, aber 50 Tonnen des Edelmetalls sollen im Rhein verborgen sein. Einst wurde es entlang des Flusses sogar professionell gefördert, und für so manchen Fischer war die Suche ein lohnenswerter Nebenerwerb. Das Gold stammt aus den Schweizer Alpen und gelangt mit massenhaft Geröll über die Gletscherflüsse in den Rhein. Dort schlummert es unter Kieselsteinen und Sand. Mit Nuggets ist allerdings nicht zu rechnen, eher mit winzigen Flittern, Blättchen im Millimeter-Bereich. Für ein Eldorado am Rhein reicht das nicht, aber spannende Stunden sind garantiert.

Die verheißungsvolle Stelle bei Grißheim, an der Goldsucher ihr Glück versuchen, ist von der jüngeren Geschichte geprägt. Sie liegt nämlich direkt neben einer Panzerplatte, einer Betonrampe aus dem Zweiten Weltkrieg, die zur Flussüberquerung genutzt wurde.

Die Ausrüstung für die Hobby-Glücksritter besteht aus Gummistiefeln, Schaufel, Sieb und Pfanne und einer Goldwaschrinne. Man arbeitet sich durch Kieselsteine, Geröll und Sand, bis zum Schluss nur noch ein wenig schwarzer Magnetitsand in der Pfanne zurückbleibt. Jetzt gilt es, genau hinzuschauen, denn hier könnte der eine oder andere Goldflitter glitzern. Die besten Jahreszeiten für die Suche sind das Frühjahr nach der Schneeschmelze in den Alpen und der Herbst, wenn kräftige Regengüsse Sand und Geröll in den Fluss gespült haben. Aber Vorsicht, der Wasserstand im Rhein kann sekundenschnell ansteigen.

Mit seinen kleinen Buchten und Sandstränden ist das Rheinufer bei Grißheim ein prima Picknickplatz, der den Goldsucher nach getaner Arbeit zur Erholung einlädt.

30

Ein Wasserbecken schmückt den von Säulen umgebenen Innenhof des luxuriösen Hauptgebäudes des **Römermuseums Villa urbana**
Johanniterstraße 89
79423 Heitersheim
07634 595347
www.markgraefler-land.com

LANDLUST NACH RÖMER ART

Römermuseum Villa urbana

Immer wieder ärgerten sich die Bauern beim Pflügen neben dem Malteserschloss in Heitersheim über Tonscherben auf dem Acker. Lange wurde gemutmaßt, dass auf diesem »Scherbenacker« einst die Römer zugange gewesen waren. Als dann 1989 erstmals Luftaufnahmen von dem Areal gemacht wurden, stieß man auf eine Sensation. Was sich da unter dem Ackerboden abzeichnete, war ein palastartiger Villenkomplex von ungeahnten Ausmaßen. Über 5,5 Hektar umfasste die Gesamtanlage. Sie bestand aus mehreren Gebäuden, darunter Wohn-, Wirtschafts- und Repräsentationsbereich, Speisesaal, Atrium, Säulenhallen, Zierwasserbecken, Badehaus und Gärten. Umgeben war das Anwesen von einer 1.040 Meter langen und zwei Meter hohen Mauer. In Anlehnung an die Villen der römischen Großgrundbesitzer bezeichneten die Archäologen die Anlage als »Villa urbana«. Sie ist in ihrer Dimension bislang einmalig rechts des Rheins.

Das Anwesen war von circa 30 bis etwa 260 n. Chr. bewirtschaftet und wurde in diesem Zeitraum mehrmals erweitert. Die Besitzer umgaben sich mit der aus ihrer Heimat gewohnten Kultur. Archäologen der Universität Freiburg fanden Fragmente von importierten Mosaiksteinen, Gläsern, Lampen, Münzen, Wand- und Fußbodenbelägen aus Marmor und sogar komplett erhaltene Vorratsgefäße. Die Wohnbereiche verfügten zum Teil über Fußbodenheizung, doppelt verglaste Fenster und Latrinen mit Wasserspülung. Etwa um 260 n. Chr. fand das luxuriöse Treiben ein Ende, die Anlage wurde von ihren Bewohnern aufgegeben. In dieser Zeit machten Germanen und Alemannen den römischen Besatzern das Leben schwer. Die Reste der Villa wurden über Jahrhunderte als Steinbruch genutzt. Was die Archäologen freilegen konnten, ist heute im Römermuseum Villa urbana zu besichtigen.

Auf dem Gelände der Villa urbana befindet sich das Café artis. Der Bau wurde einem römischen Kornspeicher nachempfunden. Gleich nebenan lädt ein Römerspielplatz den Nachwuchs zum Klettern und Toben ein.

81

Museum im Schloss
Staufener Straße 1
79423 Heitersheim
www.museum-im-schloss.de

Buchung von Führungen bei der **Tourist-Information Heitersheim**
Hauptstraße 9
79423 Heitersheim
07634 40212
www.heitersheim.de

300 JAHRE GLANZ UND GLORIA

Museum im Schloss

Passen 900 Jahre Bau- und Architekturgeschichte in einen ehemaligen Kohlekeller? Die Historische Gesellschaft von Heitersheim hat's versucht und es ist ihr gut gelungen. Im Untergeschoss des spätbarocken Kanzleibaus, der zur malerischen Schlossanlage gehört, zeigt sie in einer Dauerausstellung die spannende Geschichte der Johanniter beziehungsweise Malteser und wirft dabei auch ein Schlaglicht auf Heitersheim. Das muntere Städtchen war nämlich einst das deutsche Zentrum des Ordens, in dem Fürsten und Kanzler ein und aus gingen. Im Schloss residierte von 1505 an das Großpriorat der Johanniter- und Malteser, bis es 1806 aufgelöst und die Liegenschaft an den Großherzog von Baden überging.

Die Räume des Museums sind sorgfältig renoviert und die Ausstellung wurde mit Bedacht zusammengestellt. Anhand der rund 200 Exponate wird die Geschichte lebendig, die Heitersheim einst Glanz und Gloria bescherte. Besonders wertvoll sind die ausgestellten historischen Bücher, darunter ein über 400 Jahre alter Band über die Geschichte des Ordens. Anhand von zahlreichen Objekten, Bildmaterial und Schautafeln wird der Bogen nach Rhodos geschlagen, wo die Johanniter 1309 ihren Sitz hatten, und weiter nach Malta, wohin sie 1530 beordert wurden. Fortan nannten sie sich Malteser. Und nicht zuletzt liefert die Sammlung eine Antwort auf die Frage, warum gerade Heitersheim zum Zentrum des Ordens in Deutschland gewählt wurde.

Es geht aber auch ganz handfest zu im Schlossmuseum, und zwar gleich nebenan im Kerker, der durch eine niedrige Tür begehbar ist. Hier beschleicht den Besucher eine Ahnung, wie ungemütlich es gewesen sein muss, an so einem Ort gefangen zu sein. Wer will, kann ein Kettenhemd probieren oder einen echten Ritterhandschuh und das Eisen-Outfit hautnah erleben.

Von April bis November werden Führungen geboten. Schlosskirche und -gärten sind frei zugänglich. Die Weine aus dem Maltesergarten kann man in den Weingütern Zotz (www.weingut-zotz.de) und Zähringer (www.weingutzaehringer.de) probieren.

32

Kirche in Betberg
Die Zeichnung aus der Zeit der Bauernkriege zeigt, wie Aufständische versuchen, den Turm der Kirche zu erklimmen
Noblingstraße 4
79426 Buggingen-Betberg
07634 2896

ALS DIE BAUERN DEN KIRCHTURM STÜRMTEN

Kirche in Betberg

Auf einem Hügel zwischen Reben und Streuobstwiesen abseits der großen Verkehrswege liegt einer der ältesten Orte im Markgräflerland. Betberg ist ein Weiler mit rund 160 Einwohnern. Am höchsten Punkt thront inmitten einer Handvoll stattlicher Gehöfte die romanische Wehrkirche, umgeben von Resten einer groben Bruchsteinmauer, an der Grabsteine aus längst vergangenen Zeiten Anlehnung suchen. Mächtige Bäume rauschen im Wind, sonst herrscht Stille. Ein einmalig berührender und gleichzeitig geschichtsträchtiger Ort.

Schon vor der ersten Christianisierung der Alemannen durch irisch-schottische Mönche zwischen dem 6. und 8. Jahrhundert soll hier ein Kultplatz gewesen sein. Die erste Kirche ließ ein alemannischer Adliger bauen, 789 wurde sie im Lorscher Codex, einer Art Besitzverzeichnis, erwähnt. Das heutige Gebäude stammt aus der Zeit zwischen 1100 und 1145. Ursprünglich war die Kirche, die seit der Reformation protestantisch ist, dem heiligen Laurentius geweiht. Diesen Schutzpatron der Winzer zeigt eine Zeichnung aus dem 14. Jahrhundert in einer Fensternische.

Einzigartig sind die Wandmalereien mit Szenen aus dem Bauernkrieg, der 1525 auch in der Gegend um Betberg tobte. Die schlichten Zeichnungen im Aufgang zum Turm zeigen, wie die aufständischen Bauern versuchen, den Kirchturm zu erobern und die Obrigkeit zu demütigen. Im Gegensatz zu so vielen anderen hat die Kirche auf dem Betberg die Stürme der Bauernkriege überstanden, wahrscheinlich weil der Pfarrer kapitulierte. Auf diese Zeit nimmt auch ein Deckenfresko im Eingangsbereich Bezug. Es stellt eine Abendmahlszene dar mit einem rothaarigen Judas in Landsknechtkluft. Eine weitere Preziose der Kirche ist die Orgel von Georg Marcus Stein, einem Schüler des berühmten Gottfried Silbermann. Sie stammt aus dem 18. Jahrhundert.

Gebetet wird in Betberg noch immer. In den 1979er-Jahren wurde im Pfarrhaus neben der Kirche ein *Haus der Besinnung* mit einem Gästehaus eingerichtet. www.betberg.de

33

Historische Rebterrassen
Startpunkt für Spaziergang: Wanderparkplatz an der Castellbergstraße
79282 Ballrechten-Dottingen
Der Weg ist ausgeschildert.

Tourist-Information Ballrechten-Dottingen
Alfred-Löffler-Straße 1
79282 Ballrechten-Dottingen
07634 56170
www.ballrechten-dottingen.de

WEINBERGIDYLLE UND WILDKRÄUTERDUFT

Historische Rebterrassen auf dem Castellberg

Die Ruheoase befindet sich gleich neben der Landstraße. Direkt an der L 125 zwischen Ballrechten-Dottingen und Sulzburg schraubt sich ein schmales Weinbergsträßchen hinauf zu den historischen Rebterrassen auf dem Castellberg. Man taucht ein in eine fast mediterrane Stimmung. Grillenkonzert statt Verkehrsrauschen, in die Nase drängt sich Wildkräuterduft. Eidechsen huschen über den Weg und verschwinden zwischen grob behauenen Steinen von Trockenmauern. Im Hintergrund türmen sich die Schwarzwaldberge, davor schimmern die Markgräfler Hügel.

Fast wäre das Idyll verloren gegangen, denn es fand sich niemand mehr, der bereit war, die Steillagen zu bewirtschaften. Moderner Weinbau sieht anders aus. Die 200 Jahre alten Stützmauern der Rebterrassen zerfielen, wurden überwuchert und drohten ganz zu verschwinden. Doch zum Glück stand der gesamte Berg sowohl unter Denkmal- als auch unter Naturschutz, sodass 2004 eine beispielhafte Rettungsaktion starten konnte. Unter kräftezehrendem Einsatz von Experten und ehrenamtlichen Helfern wurden die Trockenmauern saniert und zum Teil rekonstruiert. Stein auf Stein, über zwei Kilometer, alles in Handarbeit. Dazu drei Treppen mit insgesamt 9.000 Stufen.

Dass der Castellberg 1784 überhaupt zum Weinberg wurde, war die Idee von Karl Friedrich, dem Markgrafen und späteren Großherzog von Baden. Er hatte in Vevey am Genfer See die Chasselas-Traube in vergorener Form schätzen gelernt, und zwar so sehr, dass er sie in sein Herrschaftsgebiet, das spätere Markgräflerland, »importierte«. Die Standortwahl auf dem Castellberg erwies sich als Glücksgriff. Die Rebensorte gedieh hier so gut, dass Karl Friedrich den Wein daraus zu seinem »Hausschoppen« erklärte, denn er befand ihn für »gut und edel«, womit der Name feststand: Gutedel.

Die Weine der historischen Rebterrassen kann man unter anderem beim Weingut Steinle in Ballrechten-Dottingen verkosten. www.weingut-steinle.de

84

Kalimuseum
Am Sportplatz 6a
79426 Buggingen
07631 180320
www.bergmannsverein-buggingen.de/museum-und-stollen

IM DORF DER KUMPEL

Kalimuseum

Mitten im beschaulichen Markgräflerland florierte bis in die 1970er-Jahre die größte Bergbauzeche Südwestdeutschlands. 1.200 Menschen arbeiteten im Kaliwerk in Buggingen. Kaum ein junger Mann, der nicht wenigstens zeitweise dort gejobbt hätte. Zu Spitzenzeiten wurden sogar in Italien Arbeitskräfte angeheuert. Während die anderen Orte vom Weinbau lebten, prägten in Buggingen die Kumpel das Dorfleben. Von 1922 bis 1973 förderten die Bergmänner 17 Millionen Tonnen Rohsalz zutage. Es bestand zu 48 Prozent aus Steinsalz und zu 28 Prozent aus Kalisalz, das zu Düngemittel weiterverarbeitet wurde. Außerdem wurden Brom und Streusalz erzeugt.

Heute erinnert nur noch wenig an die Kali-Ära in Buggingen. Umso spannender ist die Spurensuche im Kalimuseum, das vom Bergmannsverein in unzähligen ehrenamtlichen Stunden eingerichtet wurde. Hier wird Bergmannsgeschichte zum Anfassen geboten. Der Besucher erhält einen lebendigen Einblick in die extremen Arbeitsbedingungen unter Tage. Die Bergmänner schufteten in mehreren Schichten bei Temperaturen von rund 40 Grad in einer Tiefe von 1.000 Metern, oft unter Lebensgefahr. Allein bei einem verheerenden Grubenbrand 1934 starben 86 Arbeiter.

In dem für Besucher nachgebauten Stollen, der ebenerdig in den Berg führt und deshalb auch rollstuhlgerecht ist, wird die Zeit des Bergbaus wieder lebendig, der für so viele Menschen der Region die Existenzgrundlage war. Man geht vorbei an Förderbändern, sieht martialische Bohrhämmer, Sprengstofflöcher mit einem Gewirr von Zündschnüren, Wettertüren und immer wieder archaische Grubentelefone, mit denen im Notfall Hilfe gerufen werden konnte. Angesichts der harten Arbeit und der gefährlichen Materialien konnte das lebenswichtig sein.

Das Wahrzeichen von Buggingen ist der Monte Kalino – so nennen die Einheimischen die Abraumhalde des Kalibergwerks. Der Hügel ragt am Dorfrand neben dem ehemaligen Grubengelände in die Landschaft.

35

An der Südwand von St. Ägidius erinnert eine Piscina, ein reich verzierter Steintrog für Messweinreste, an die katholische Vergangenheit der Kirche

Kirche St. Ägidius
Fülligasse
79295 Sulzburg-St.Ilgen

EINE PISCINA UND VIELE RÄTSEL

Kirche St. Ägidius in St. Ilgen

Ziemlich geheimnisvoll präsentiert sich die Kirche St. Ägidius in dem winzigen Winzerdorf St. Ilgen. Sie ist nicht nur viel zu groß für den Ort mit seinen rund 90 Einwohnern, sie steht zudem falsch herum. Normalerweise legen Baumeister großen Wert auf ein schmuckes Kirchenportal, das die Visitenkarte des Gotteshauses ist. Davon kann hier keine Rede sein. Die Kirche scheint vielmehr überhaupt keinen Haupteingang zu haben, sondern lediglich zwei kleine Seitenportale. Erst wenn man um sie herumläuft, stößt man in einem engen Durchgang auf das schlichte Hauptportal. Das Rätsel, warum die Kirche vom Ort abgewandt ist, wurde nie wirklich gelöst.

St. Ägidius ist aber noch aus weiteren Gründen bemerkenswert. Ein Kuriosum ist nämlich auch der zum Turm ansteigende halbe Staffelgiebel, welcher der Fassade mit dem Hauptportal ein asymmetrisches Aussehen verleiht. Gebaut wurde St. Ägidius zwischen dem Ende des 13. und dem Anfang des 14. Jahrhunderts. Das Fundament des Turms enthält romanische Elemente, der Rest des Bauwerks ist der frühen Gotik zuzuordnen. Ursprünglich war St. Ägidius eine katholische Kirche, bis St. Ilgen 1503 – wie die meisten Gemeinden der Region – unter die Oberhoheit der Markgrafschaft Baden gestellt und protestantisch wurde. Aus diesem Grund weist sie Merkmale beider Konfessionen auf.

Ein etwas verstecktes Kleinod in St. Ägidius ist die Piscina, ein reich verzierter in die Südwand eingelassener Steintrog. Sie diente dazu, Weihwasser, geweihte Öle und Messweinreste auszugießen, und verfügte über einen Abfluss nach außen. Ein besonderes Schmuckstück kann man auf der Empore bewundern. Die vermutlich zwischen 1715 und 1720 erbaute Orgel steht unter Denkmalschutz und ist das einzige heute noch sichtbare Werk des Sulzburger Orgelbauers Sebastian Fichslin.

Gegenüber der Kirche lockt mit der 1890 gegründeten Schnapsbrennerei Manfred Eichin ein sehr weltliches Highlight. Die Edelbrände wurden mehrfach ausgezeichnet. www.markgraefler-schnapsbrennerei.de

36

Staudengärtnerei Gräfin von Zeppelin
Weinstraße 2
79295 Sulzburg-Laufen
07634 550390
www.stauden-gaertnerei.com

WO WELTSTARS ERBLÜHEN

Staudengärtnerei Gräfin von Zeppelin in Laufen

Vorsicht, Ansteckungsgefahr. Wer am Ortsausgang von Laufen die Landstraße verlässt und vor der Staudengärtnerei Gräfin von Zeppelin hält, riskiert alsbald vom »Gartenvirus« befallen zu werden. Die Anlage übt eine Faszination aus, der man sich kaum entziehen kann. Ob Frühling, Sommer oder Herbst – die Blüten- und Farbenpracht ist einfach betörend. Allein 500 verschiedene Sorten Iris sind zu bestaunen. Sie sind die Stars dieser etwas anderen Gärtnerei.

Nicht minder berühmt sind die verschiedenen Sorten Taglilien, Pfingstrosen, Türkenmohn und Rosen, die hier gezüchtet werden. Auch die winterharten Prachtstauden gehören zu den Besonderheiten des Hauses, für die manche Kunden von weit her kommen. Die Staudengärtnerei Gräfin von Zeppelin ist eine Adresse für Gartenfreunde aus aller Welt. Insgesamt rund 2.500 Arten und Sorten erblühen das Jahr über hier, darunter viele Eigenzüchtungen.

Angefangen hat alles mit einem Weingut, das die junge Helene Gräfin von Zeppelin 1926 von ihrer Großmutter erbte. Die Nichte des berühmten Luftschiffpioniers Ferdinand Graf von Zeppelin spezialisierte sich jedoch nicht auf Weinbau, ihre Leidenschaft war der Garten. Besonders die Iris hatte es ihr angetan, und schon 1939 brachte sie einen eigenen Iriskatalog heraus, in dem sie 89 Sorten beschrieb. Ihre Züchtungen erlangten Weltruhm und die begnadete Gärtnerin erhielt Preise und Ehrungen. Seit 1993 ist ihre Tochter Aglaja von Rumohr die Chefin des Betriebs. Mit viel Geschick führt sie das Erbe der Gründerin weiter und setzt bewusst einen Gegenpol zum Massenangebot der Gartencenter.

Wer »nur schauen« will, kann in der Staudengärtnerei Gräfin von Zeppelin auch einfach das Ambiente genießen, sich im Lilien-Café an der Blütenpracht ergötzen und von grünen Daumen träumen.

Nicht ohne Grund heißt die Straße, die durch Laufen führt, Weinstraße. Wein ist hier omnipräsent. Im Jahr 2016 stammte sogar die Deutsche Weinkönigin aus Laufen, vom Weingut Rainer Schlumberger.

87

Badestelle Sulzburg
Badstraße 61
79295 Sulzburg
www.sulzburg.de

Landesbergbaumuseum
Hauptstraße 56
79295 Sulzburg
www.sulzburg.de

BADEENTE TRIFFT ENTENKÜKEN

Naturschwimmbad

Totgesagte leben länger. Schon oft wurde die Schließung des idyllisch am Ende des Sulzbachtals gelegenen Naturschwimmbads vorausgesagt. Zu wenig Attraktionen, zu wenig Einnahmen, zu alt und zu hoher Renovierungsbedarf. Und dann ließ zu allem Übel in manchen Jahren auch noch die Wasserqualität zu wünschen übrig. Doch das ist mittlerweile Schnee von gestern, denn allen Unkenrufen zum Trotz hat die kleine Anlage durch einen Trick überlebt. Das Schwimmbad wurde offiziell zur Badestelle deklariert, für die weniger strenge Vorschriften hinsichtlich Badeaufsicht gelten. Mit Hilfe von Sponsoren und bürgerschaftlichem Engagement konnte das Naturschwimmbad gründlich auf Vordermann gebracht werden. Umkleidemöglichkeiten, Sanitärbereich, Kiosk – alles erstrahlte nun in neuem Glanz.

Seitdem ist das Badevergnügen wieder ungetrübt. Naturfreunde aus der ganzen Region lieben das chlorfreie Wasser der Badestelle, die durch den klaren Sulzbach gespeist wird. Und da zahlreiche Amphibien und andere Wasserlebewesen das ebenfalls zu schätzen wissen, eignet sich der Ort auch jederzeit für eine Open-Air-Schulstunde im Rahmen des Biologieunterrichts.

Schon 1930 war die Badestelle im Sulzbachtal ein Highlight. Die Sulzburger hatten eines von drei alten Staubecken kurzerhand zur sommerlichen Badeattraktion umfunktioniert. Die Staubecken waren im 18. Jahrhundert im Zusammenhang mit dem Bergbau angelegt worden, als dieser rund um Sulzburg nochmals eine kleine Renaissance erlebte, bevor er endgültig unrentabel wurde. In den 1960er-Jahren avancierte die Anlage sogar zum Schwimmbad. Als jedoch in der Region immer mehr moderne Freibäder gebaut wurden, sanken die Besucherzahlen in Sulzburg. Anfang 1993 wurde das Bad renaturiert und neu gestaltet. Heute ist es ein Geheimtipp für Naturfreunde.

Wer mehr über den Bergbau im Schwarzwald erfahren will, dem sei ein Besuch im Landesbergbaumuseum empfohlen.

38

Kirche St. Cyriak
Klosterplatz 3
79295 Sulzburg
www.evang-sulzburg-laufen.de

SCHLICHTE SCHÖNHEIT AUS URALTEN ZEITEN

Kirche St. Cyriak

Manche Orte scheinen so aus der Zeit gefallen zu sein, dass sie einen ganz eigenen Zauber entwickeln. St. Cyriak in Sulzburg ist so einer. Das romanische Kirchlein versteckt sich abseits der Hauptstraße auf dem Friedhof. Davor breitet sich der von Linden beschattete Klosterplatz aus, an dem – zum Glück – sämtliche kommunalen Verschönerungsprogramme vorübergingen. Er strahlt eine fast mediterran anmutende Idylle aus. In den Baumkronen zwitschert eine Spatzenkolonie, sonst herrscht Stille. Der Platz bildet eine perfekte Einheit mit der schlichten Schönheit der kleinen Kirche. Sie ist, passend zur Region, dem heiligen Cyriakus geweiht, der die Winzer vor Hagel und Unwetter schützen soll.

Seit über tausend Jahren setzen Gläubige den Fuß über ihre Schwelle. Sie hat Ritter und Bauern gesehen, den Dreißigjährigen Krieg, Hungersnöte, Hochzeiten, Taufen und Trauerfeiern. Im Jahr 993 wurde St. Cyriak erstmals erwähnt. Sie ist eine der ältesten Kirchen in Deutschland und ein wunderschönes Zeugnis ottonischer Architektur. Im Laufe ihrer wechselvollen Geschichte hat sie mehrere bauliche Veränderungen erfahren. Der Turm, durch den man die Kirche betritt, wurde Anfang des 11. Jahrhunderts erbaut und gilt als der älteste erhaltene Kirchturm Südwestdeutschlands. Auffallend sind die relativ hohen Stufen zum Chor. Grund dafür ist, dass die Krypta erst nachträglich eingebaut wurde und man den Chor kurzerhand höher legte. Die Krypta wie auch das Hauptschiff zieren einmalige Freskenmalereien aus der Zeit um 1500.

Der Klosterkonvent der Benediktinerinnen, zu dem die Kirche einst gehörte, wurde 1555 aufgelöst. Seither ist St. Cyriak eine evangelische Kirche. Seit 2009 gehört sie zu den besonders schützenswerten Baudenkmälern Deutschlands.

Neben Gottesdiensten finden in St. Cyriak auch Konzerte statt, teils mit weltbekannten Solisten. Die Termine erhalten Sie bei der Tourist-Information Sulzburg unter 07634 560040.

39

Jüdischer Friedhof
Badstraße 61
79295 Sulzburg
www.juden-in-sulzburg.de

Tourist-Information
Hauptstraße 60
79295 Sulzburg
07634 560040
www.sulzburg.de

GEGEN DAS VERGESSEN

Jüdischer Friedhof

Der alte jüdische Friedhof in Sulzburg ist ergreifend schön und er erzählt eine unendlich traurige Geschichte. Etwas versteckt liegt er am Rand der kleinen Stadt, in einem engen Tal. »Breite über uns deine bescheidene Hütte des Friedens«, steht als Inschrift über dem Eingangstor. Dahinter erwartet einen eine ganz eigene Welt, die gegen das Vergessen und die wild wuchernde Natur gleichermaßen ankämpft.

Mitte des 16. Jahrhunderts wurde der Friedhof angelegt. Er schmiegt sich an einen steilen, felsigen Hang, der oben von Wald begrenzt wird. Das Gelände steigt terrassenförmig an. Es riecht nach Erde und vermoderndem Laub. Bäume recken ihre Äste gen Himmel und bilden ein schattiges Dach. Wie eine stumme, unüberschaubar große Versammlung stehen Grabsteine rechts und links des schmalen Weges im kniehohen Gras. Manche von Moos und Flechten überwuchert, von der Last der Jahre gebeugt und brüchig. Die Inschriften sind kaum noch zu entziffern, im älteren Teil des Friedhofs sind sie hebräisch, im neueren auch deutsch. Allen gemeinsam ist, dass hier Menschen ihre letzte Ruhe fanden, die in Sulzburg gelebt, geliebt, gelacht und geweint haben.

Die Stadt beherbergte über 400 Jahre eine jüdische Gemeinde, die älteste in Baden. Bis zu jenem 22. Oktober 1940, als die Polizei die jüdischen Bürger aus ihren Häusern trieb, um sie in das Konzentrationslager im südfranzösischen Gurs zu deportieren. Die meisten Überlebenden dieses Horrors wurden später in Auschwitz ermordet. An sie erinnert ein Mahnmal im Eingangsbereich des Friedhofs, das 1970 errichtet wurde. Einer, der sich gegen das Vergessen jüdischen Lebens in Sulzburg engagierte und zurückkehrte, war Hugo Bloch. Er ist der Einzige, der nach 1938 hier beerdigt wurde.

Die ehemalige Synagoge in der Gustav-Weil-Straße 20 ist Gedenkstätte und Kulturdenkmal. Sie wurde 1822 von Johann Ludwig Weinbrenner erbaut. Auskunft zu den Öffnungszeiten erteilt die Tourist-Info.

40

Rebhüsle
Der einzigen Straße durch den Ort folgen. Sie führt als Rundweg um den Rebberg und zum Rebhüsle.
79397 Müllheim-Muggardt

Tourist-Information
Wilhelmstraße 14
79379 Müllheim
07631 801500
www.muellheim-touristik.de

WO DER BAMMERT ÜBERNACHTET

Rebhüsle bei Muggardt

Süße Trauben wecken bekanntlich Gelüste. Der Fuchs liebt sie, Starenschwärmen dienen sie als Stärkung auf ihrer Reise gen Süden, und für so manchen Wanderer sind sie willkommener Proviant. Damit für die Winzer auch noch etwas übrig bleibt, schickten diese einst ihren Bannwart, auf Alemannisch »Bammert«, in die Reben. Sein Auftrag lautete: Räuber, die sich aus der Luft oder auf dem Landweg den Trauben näherten, in die Flucht zu schlagen. Basislager für den Bammert und Unterstand für die Weinbergarbeiter war das sogenannte Bammerthäuschen, auch Rebhüsle genannt. Die weißen, meist an kleine Wachtürme erinnernden Gebäude sind malerische Blickpunkte und prägen die Kulturlandschaft des Markgräflerlands. Eines der schönsten Rebhüsli steht bei Muggardt. Es ist gleichzeitig das älteste in der Region.

Beinahe möchte man den Bammert, der hier oben Wache hielt, nachträglich beneiden. Einfach großartig ist der Ausblick auf die hügelige Reblandschaft, die sanft in die Obstplantagen und Spargelfelder der Rheinebene übergeht. Im Hintergrund erheben sich die Vogesengipfel, die manchmal noch im Mai von Schnee bedeckt sind. Die Jahreszahl 1766 ist im Türsturz des Rebhüsle eingemeißelt, zusammen mit den Initialen »B H ST« des damaligen Stabhalters »Baschi« Hittinger, der in Personalunion das Amt des Bürgermeisters und Richters ausübte. Wie die meisten in den Hang gebauten Bammerthäuschen ist auch das Muggardter Rebhüsle zweigeschossig. Oben befindet sich ein winziger quadratischer Raum, unten ein Gewölbekellerchen, das zum Hang hin offen ist. Platz genug, um ein Sommergewitter trockenen Hauptes zu überstehen.

Der Weinberg von Muggardt gehört mit 400 Metern zu den höchsten Lagen im Markgräflerland. Angebaut werden ausschließlich Spätburgunderreben. Die Weine erreichen regelmäßig Spitzen-Prämierungen.

Etwas unterhalb des Rebhüsle bietet eine improvisierte Laube einen reizvollen Picknickplatz. – Probieren kann man den Wein von Muggardt bei der Winzergenossenschaft Britzingen (www.britzinger-wein.de).

41

Weinetikettenmuseum
Weingut Dr. Schneider
Rosenbergstraße 10
79379 Müllheim-Zunzingen
07631 2915
www.weingut-dr-schneider.de

DIE KUNST AUF DER FLASCHE

Weinetikettenmuseum in Zunzingen

Dass Wein die Zunge löst, ist bekannt. Nicht immer zum Ruhme des sich Artikulierenden entstand schließlich der Spruch »In vino veritas«. Wie inspirierend Wein in künstlerischer Hinsicht sein kann, zeigt eine außergewöhnliche Ausstellung in dem Winzerdorf Zunzingen bei Müllheim. Das Weingut Dr. Schneider unterhält das erste und bislang einzige Weinetikettenmuseum Deutschlands.

In vier Räumen, die sich auch bestens für Weinproben eignen, sind wahre Schätze zu entdecken. Der Fundus an ausgefallenen Weinetiketten ist enorm, allein die Dauerausstellung umfasst 1.200 Exponate, dazu kommen Präsentationen zu besonderen Aspekten der Sammlung. Die von einem Liebhaber über Jahrzehnte zusammengetragenen Raritäten, die sich im Besitz des Weinguts befinden, werfen ein einmaliges Schlaglicht auf 200 Jahre Wein-, Kultur- und Zeitgeschichte. Ein Highlight sind die Mouton-Rothschild-Etiketten aus den Jahren 1945 bis 2010, auf denen sich unter anderem Hochkaräter der Kunstszene wie Édouard Manet, Henry Moore, Keith Haring oder Niki de Saint Phalle verewigt haben. Es ist höchst unterhaltsam zu sehen, wie sich die Künstler von den edlen Tropfen aus renommiertem Hause inspirieren ließen.

Das älteste Etikett stammt aus dem Jahr 1811 und zierte einst eine Flasche badischen Weins. Zwar steht die Region im Mittelpunkt der Ausstellung, vertreten sind aber auch andere deutsche Weinbaugebiete sowie internationale Künstleretiketten. Auffallend ist die starke Präsenz des Elsass, dem der Hausherr besonders verbunden scheint. Schließlich stammen das Logo des Weinguts und zahlreiche witzig-hintergründige Etiketten von dem elsässischen Künstler Raymond Waydelich. Unbedingt sehenswert sind auch die bacchantischen Kreationen seines Landsmanns Tomi Ungerer.

Natürlich lohnt sich auch ein Besuch im Weingut Dr. Schneider und eine Verkostung der aktuellen Jahrgänge.

42

Zur **Rheinbrücke Neuenburg-Chalampé** verlassen Sie die A5 an der Ausfahrt Neuenburg und fahren Richtung Frankreich. Direkt vor der Rheinbrücke rechts Richtung Rheinauen abbiegen.

Tourist-Information Neuenburg am Rhein
Rathausplatz 5
79395 Neuenburg am Rhein
www.neuenburg.de

IM FADENKREUZ DER POLITIK

Rheinbrücke Neuenburg-Chalampé

Mythen und Legenden ranken sich um den Rhein, den Sehnsuchtsfluss der Deutschen. Täglich zeigt er ein anderes Gesicht. Mal ist er klar und glitzernd, mal behäbig, und dann wird er mit reißenden braunen Fluten zum wütenden Monster, dem man nicht zu nahe kommen sollte. Wer in den Rheinauen bei Neuenburg am Ufer sitzt und den Fluss auf seiner 1.233 Kilometer langen Reise vorbeiziehen sieht, gerät leicht ins Sinnieren. Es ist ein besonderer Ort, der nicht umsonst für die Landesgartenschau 2022 ausgewählt wurde.

Knapp 200 Kilometer hat der Fluss zurückgelegt, wenn er unter der Brücke zwischen Neuenburg und Chalampé hindurchfließt. Eine Schönheit ist sie nicht, eher eine Schicksalsbrücke. Die nüchterne Stahlkonstruktion ruht auf Betonpfeilern, zweckmäßig, um den täglichen Pendelverkehr auf Straßen und Schienen passieren zu lassen. Auf französischer Seite zeigt eine Skulptur aus Stahl zwei Menschen, die sich versöhnend die Hand reichen. Die Geste steht nicht nur für die beiden Länder, sondern auch für die Bewohner der beiden Orte, die wegen des Brückenstandorts schon so oft ins Fadenkreuz der Zerstörung gerieten.

Gebaut wurde sie 1878 als Eisenbahnbrücke, um das Großherzogtum Baden und das Elsass zu verbinden, das damals dem Deutschen Reich einverleibt war. Nach dem Ersten Weltkrieg gehörte die Brücke zu Frankreich. 1939, im Zweiten Weltkrieg, sprengten französische Militärs den westlichen Teil, 1940 ließen ihn die Deutschen wiederaufbauen. 1945 zerstörten sie die Brücke komplett. Noch im Herbst desselben Jahres begann unter der französischen Militärregierung der erneute Wiederaufbau. 1,5 Tonnen Kampfmittel mussten bei den Vorarbeiten zur Landesgartenschau am Rheinufer beseitigt werden. Der ein oder andere Bunker steht immer noch in den Rheinauen.

Im Museum für Stadtgeschichte in Neuenburg informiert eine Ausstellung über die wechselvolle Geschichte der Stadt, die allein zwischen 1940 und 1945 zwei Mal in Schutt und Asche gelegt wurde.

43

Narrenschiff-Brunnen
Ölstraße, Ecke Schlüssel-straße
79395 Neuenburg am Rhein

Tourist-Information Neuenburg am Rhein
Rathausplatz 5
79395 Neuenburg am Rhein
www.neuenburg.de

WILLKOMMEN IM TOLLHAUS

Narrenschiff-Brunnen

Ziemlich orgiastisch gebärden sich die Passagiere auf dem Schiff, das am Ende der Fußgängerzone von Neuenburg am Rhein seit 2004 vor Anker liegt. Moral und gute Sitten sind hier offensichtlich außer Kraft gesetzt. Und genau so soll es sein, denn es handelt sich um ein Narrenschiff. Die Brunnenskulptur des Bildhauers Michael Schwarze entstand im Auftrag der Stadt Neuenburg und greift Motive aus dem berühmten *Narrenschiff* von Sebastian Brant auf, einer mittelalterlichen Moralsatire, die die menschlichen Torheiten in Szene setzt und damit in der Zeit vor der Reformation europaweit zu einer Art Bestseller wurde.

Die über drei Meter lange Skulptur, auch Narrenbrunnen genannt, besteht aus patinierter Bronze und steht in einem flachen, in das Pflaster integrierten Wasserbecken. Sie bildet den Mittelpunkt eines kleinen Platzes. Um ihn herum wurden Bänke montiert, ideale Beobachtungsposten, um das närrische Brunnenszenario in Ruhe zu betrachten und die zahllosen Details zu entdecken. Höchster Punkt ist der Schiffsmast, an dessen Spitze die Narrenkappe baumelt. Darunter tobt der Bär. Die neun Figuren im Boot, die zum Teil mit Wasserspeiern ausgestattet sind, symbolisieren das, was man landläufig unter menschlicher Schwäche versteht und trotzdem Spaß macht.

Das Narrenschiff ist einer von neun Brunnen, die es in Neuenburg zu entdecken gibt. Diese waren einst Zeichen von Reichtum der 1175 von den Zähringern gegründeten freien Reichsstadt. Sie spendeten aber auch ganz profan Trinkwasser und im Notfall Löschwasser. Letzteres war des Öfteren nötig, denn wegen seiner Grenznähe geriet Neuenburg immer wieder zwischen die kriegerischen Fronten. Zweimal wurde die Stadt komplett zerstört. Und auch der Rhein, der vor seiner Begradigung häufig Hochwasser führte, war eine ständige Bedrohung.

Regelmäßig werden Führungen zu den Brunnen angeboten, in denen man neben Informationen zu den Hintergründen auch jede Menge Anekdoten erfährt. Termine unter www.neuenburg.de.

44

Landhotel Alte Post
Posthalterweg
79379 Müllheim
07631 17870
www.alte-post.net

TRUTZBURG DES GUTEN GESCHMACKS

Landhotel Alte Post

Mehr Tradition geht kaum. Die Alte Post in Müllheim gehört seit über 250 Jahren zu den festen Größen im Markgräflerland. Dichter, Denker, Grafen und Prinzen kehrten hier ein, müde Reisende stärkten sich, Pferde wurden gewechselt und die neuesten Klatschgeschichten ausgetauscht. Wer von Frankfurt nach Basel reiste, kam automatisch an dieser Poststation vorbei. Heute umtost der Verkehr der B 3 die Alte Post. Sie thront wie eine Trutzburg des guten Geschmacks inmitten des Trubels. Ein Abstecher in das Landhotel lohnt sich, denn hinter den historischen Mauern lässt sich zuverlässig gut speisen. Und im Sommer wird der lauschige Innenhof zu einer überraschend ruhigen Oase. Auf der Karte stehen badische Gerichte. Das Spektrum reicht von gutbürgerlich bis zur Gourmet-Klasse. Andernorts misslingt dieser Spagat leicht zur Grätsche, in der Post wird er souverän bewältigt. Der Service ist so freundlich, dass es erwähnt werden muss.

Schon dem alemannischen Volksdichter Johann Peter Hebel (1760–1826) hat es an diesem Ort einst so gut gefallen, dass er der Post, die damals noch nicht »alt« war, eine Gedichtstrophe widmete. »Kollege« Goethe machte auf seiner Italienreise hier Station, und der Prinz Condé, einer der ersten Adligen, die vor der Französischen Revolution ins Ausland flüchteten, schlug in der Post sein Hauptquartier auf.

Erbaut wurde das Gasthaus 1745 als Poststation von dem Scharfrichter Georg Friedrich Heidenreich mit den Steinen des im Dreißigjährigen Krieg zerstörten Zisterzienserklosters Rheintal. Betreiber der Poststrecke war das Haus Thurn und Taxis. Natürlich musste die Alte Post in ihrer langen Geschichte auch Tiefschläge einstecken, zeitweise war sie sogar geschlossen. Seit 1986 erlebt sie mit dem Konzept des Hoteliers Heinrich Mack eine neue Blüte.

Der Weinmarkt in Müllheim findet seit 1872 statt und ist der älteste in Baden. Weine aus dem gesamten Markgräflerland können verkostet werden. Termine: www.muellheim-touristik.de unter dem Stichwort »Wein«.

45

Hotel-Restaurant
Altes Spital
Hauptstraße 78
79379 Müllheim
07631 9899988
www.spitalhotel.de

Tourist-Information
Wilhelmstraße 14
79379 Müllheim
07631 801500
www.muellheim-touristik.de

KRANKENKOST WAR GESTERN

Hotel-Restaurant Altes Spital

Lange hat die in die Jahre gekommene, etwas massige Schönheit vor sich hingedämmert, müde geworden von den Generationen, die sie kommen und gehen sah. Bis sie ein grundlegendes Facelifting erhielt und nun in gediegenem Glanz erstrahlt. Die Rede ist vom Alten Spital in der Hauptstraße von Müllheim. Besonders auffällig an der markanten Fassade sind die Rundbogenfenster. Nach Umbau und grundlegender Sanierung zählt das Gebäude wieder zu den Schmuckstücken des Viertels am Klemmbach. Seit der Wiedereröffnung Ende 2015 werden in dem einstigen Krankenhaus Geschäftsleute, Tagestouristen und Nachtschwärmer kulinarisch »verarztet«. Das gastronomische Konzept umfasst die Dreieinigkeit von Bar, Café und Restaurant.

Wo einst Patienten aufgenommen wurden und Besucher ein und aus gingen, trifft man sich heute zum Lunch. Die Räume sind ebenso behutsam wie geschmackvoll renoviert, sie bilden eine gelungene Synthese aus Alt und Neu. Besonders schön ist das original erhaltene Treppenhaus, das in den Veranstaltungssaal in der oberen Etage führt.

Das Alte Spital blickt auf eine bewegte Vergangenheit zurück. Mithilfe von Spenden wurde das Gebäude 1847 auf dem Grundstück einer Zehntscheuer erbaut und beherbergte über 100 Jahre das städtische Krankenhaus. Nach dessen Schließung 1958 kamen die unterschiedlichsten Nutzer. Von 1974 bis 2007 war es sogar ein Jugendzentrum.

Baumeister des Spitals war der Karlsruher Architekt Heinrich Hübsch, Schüler des berühmten Friedrich Weinbrenner und Wegbereiter des im 19. Jahrhundert so beliebten Historismus. Seine Spezialität waren die Fenster im Rundbogenstil, die sich an vielen seiner Bauwerke finden, zum Beispiel an der Trinkhalle in Baden-Baden, der Kunsthalle in Karlsruhe oder der ehemaligen Stadtkirche von Sulzburg, heute Bergbaumuseum.

Wer mehr über das historische Müllheim erfahren will, kann an einer Themen-Stadtführung teilnehmen. Infos und Anmeldung bei der Tourist-Information.

46

Frick-Mühle
Markgräfler Museum
Müllheim

Gerbergasse 74/76
79379 Müllheim
07631 801520
www.markgraefler-museum.de/frick-muehle.html

SIE KLAPPERT WIEDER

Frick-Mühle, Markgräfler Museum Müllheim

Über Jahrhunderte klapperten in Müllheim zahlreiche Mühlen am rauschenden Klemmbach. Schon die Römer nannten die Stadt, die 757/758 erstmals urkundlich erwähnt, wurde, »villa mulinhaimo«. Der Name blieb, Müllheim war die Stadt der Müller und Mühlen. Hier arbeiteten Getreidemühlen, Ölmühlen und Lohmühlen. Fast wäre diese Tradition in Vergessenheit geraten. Zwar zeigt das Stadtwappen von Müllheim bis heute ein halbes Mühlrad, doch entlang des Klemmbachs klapperte im 20. Jahrhundert so gut wie nichts mehr. Bis ausgerechnet eine Fernsehshow in den1980er-Jahren für allgemeines Erwachen sorgte. Der Moderator äußerte sich anerkennend darüber, dass eine Stadt, deren Name offensichtlich von einer gewissen Müllproblematik herrühre, so schön und sauber sei.

Dieses Missverständnis wollten die Müllheimer natürlich aus der Welt schaffen. Die Folge war eine Wiederbelebung der Mühlenvergangenheit. Zu diesem Zweck wurde die alte Frick-Mühle restauriert, von der um 1392 erstmals in einer Urkunde die Rede war. Bis 1912 war hier Getreide gemahlen worden, danach hatte der Zahn der Zeit an dem Gebäude genagt. 1993 kaufte die Stadt das Anwesen und machte zusammen mit dem Markgräfler Museumsverein eine Vorzeigemühle daraus, in der Mühlentechnik aus der Zeit um 1850 gezeigt wird.

Als Blickfang direkt neben dem Museum dreht sich das riesige Mühlrad und setzt innen die mächtigen Mahlwerke in Bewegung. Es ist ein faszinierendes Schauspiel, wenn die einzelnen Zahnräder präzise ineinandergreifen. In der Frick-Mühle wird zu Demonstrationszwecken Getreide gemahlen, und man kann einiges über die Bedeutung des Müllerhandwerks für die Region erfahren. Denn die Mühlen stehen nicht nur für den Namen der Stadt, sondern auch für ihre Wirtschafts- und Sozialgeschichte.

Auf dem Mühlenweg folgt man den Spuren der historischen Mühlen von Müllheim. Eine Karte mit der Streckenführung ist im Markgräfler Museum erhältlich, das auch Führungen entlang des Mühlenwegs anbietet.

47

Blankenhorn-Palais
Markgräfler Museum
Müllheim
Wilhelmstraße 7
79379 Müllheim
07631 801520
www.markgraefler-museum.de/blankenhorn-palais.html

IM SALON DES WEINBAUPROFESSORS

Blankenhorn-Palais, Markgräfler Museum Müllheim

Man hat den Film buchstäblich vor Augen. Das Blankenhorn-Palais im Herzen von Müllheim wäre die ideale Kulisse für eine große badische Familiensaga. In dem 1780 im frühklassizistischen Stil erbauten Ensemble, das ein wenig an ein französisches Stadtschloss erinnert, residierte die einflussreiche Familie Blankenhorn, die bis heute aufs Engste mit dem Weinbau im Markgräflerland verbunden ist. Aus ihr gingen Bürgermeister, Abgeordnete und Diplomaten hervor. Berühmtester Spross ist der »Weinbauprofessor« Adolph Blankenhorn (1843–1906). Er war sogar maßgeblich an der Rettung der badischen Winzer vor dem Ruin durch die Reblausplage beteiligt. Heute gehört das Palais zum Markgräfler Museum. Den Blankenhorns, die früher im Erdgeschoss das Gasthaus Zur Krone betrieben, ist die Beletage gewidmet.

Die Tour durch die Zimmerflucht vermittelt eine Vorstellung von großbürgerlichem Wohnen im 18. und 19. Jahrhundert. Stuck, Plüsch, prunkvolle Tapeten, exquisites Mobiliar zeugen vom Wohlstand der Familie. Zu besichtigen ist auch der Schreibtisch Adolph Blankenhorns, an dem wissenschaftliche Arbeiten entstanden sowie die Korrespondenz mit dem in die USA emigrierten Revolutionär Friedrich Hecker verfasst wurde. Über einen Wintergarten mit schmiedeeisernen Ornamenten gelangt man in den Seitenflügel mit einem 100 Quadratmeter großen Ballsaal, der einst zum Gasthaus gehörte. Statt rauschender Feste finden hier nun Kunstausstellungen statt. Die sehenswerte Sammlung umfasst Werke der klassischen Moderne sowie zeitgenössischer Künstler. Eine Präsentation im Dachgeschoss zeigt das Markgräflerland als Anziehungsort für Schriftsteller, darunter Erich Kästner, Hoffmann von Fallersleben, Marie Luise Kaschnitz, René Schickele und natürlich Johann Peter Hebel. Sie alle fühlten sich der Region verbunden.

Wo sich so viel um Wein drehte wie bei den Blankenhorns, dort gab es auch einen stattlichen Weinkeller. Dieser liegt unter dem Haupttrakt des Palais und ist heute ein sehenswertes Weinbaumuseum.

48

Weingut Hermann Dörflinger
Mühlenstraße 7
79379 Müllheim
07631 2207
www.weingut-doerflinger.de

Bekenntnis zum Gutedel

Weingut Hermann Dörflinger

Der Oleander blüht üppig, an Orangen- und Zitronenbäumen leuchten pralle Früchte, dazwischen Kübel mit Palmen und schlichte weiße Holztische und -stühle – alles in allem ein mediterranes Ambiente. Trotzdem, wir befinden uns im Herzen des Markgräflerlandes, in einem der schönsten Innenhöfe Müllheims. Hier geht es weniger um Orangen und Zitronen als vielmehr um Wein, und zwar schon seit über 100 Jahren. Das Weingut Hermann Dörflinger gehört zu den Referenzadressen im Markgräflerland. Auf den etwa 20 Hektar Rebflächen rund um Müllheim werden zu 70 Prozent Weißweine angebaut, der Rest ist Spätburgunder. Geerntet wird nach wie vor von Hand.

Wohlschmeckende Visitenkarte des Hauses ist der Gutedel. Reggenhag, Pfaffenstück und Römerberg heißen die Lagen. Jede verfügt über einen anderen Boden, der dem Wein seinen jeweils besonderen Charakter verleiht. Hermann Dörflinger, der 1973 das Weingut von seinem Vater übernahm, war einer der Ersten in Baden, der konsequent auf durchgegorene Weine setzte. Damit schwamm er seinerzeit gegen den Mainstream. Heute sieht er sich bestätigt, und seine frischen, eleganten und leichten Gutedel haben längst Liebhaber über die Region hinaus gefunden.

Mit Beharrlichkeit und einer Portion Eigensinn, mit der er auch seine Weine erzeugt, entwickelte Dörflinger zusammen mit dem Kabarettisten Matthias Deutschmann den Gutedelpreis. Damit werden Persönlichkeiten ausgezeichnet, die sich durch »öffentlich wirksamen, kreativen Eigensinn« hervorgetan haben. Der Preis wird jährlich von der Markgräfler Gutedelgesellschaft verliehen. Er besteht aus 225 Liter im Eichenholzfass gereiften Gutedels, gestiftet vom Weingut Dörflinger. Jean-Claude Juncker bekam ihn, Georg Schramm und Elke Heidenreich ebenfalls.

Im alten Weinkeller des Weinguts lagern die besonders edlen Tropfen. Auf Anfrage kann man einen Blick auf die historischen Eichenfässer werfen, die mit kunst- und lustvollen Schnitzereien verziert sind.

49

Das **Jägerdenkmal** bei 79379 Müllheim erreichen Sie wie folgt: Von der B3 in Richtung Unterstadt/Südtangente, Platanenallee, Sterchelestraße. An deren Ende dem Weg bis zum Jägerdenkmal folgen.

Tourist-Information
Wilhelmstraße 14
79379 Müllheim
07631 801500
www.muellheim-touristik.de

DIE RUHE ÜBER DEN REBEN

Jägerdenkmal

In idyllischer Aussichtslage auf dem Bergrücken des Reggenhag bei Müllheim erhebt sich das Jägerdenkmal, ein zweistöckiges Türmchen, das an ein Rebhäuschen erinnert. Auf drei Seiten ist es umgeben von den besten Weinlagen des Städtchens. Ein paar Stufen führen zu einem etwa fünf Quadratmeter kleinen Raum, der sich zur Rheinebene hin öffnet und den Blick bis auf die Vogesen freigibt. Unten wuselt ameisengleich der Verkehr auf der B 3, im Weinberg darüber wird gearbeitet, und auf dem schmalen Wirtschaftsweg, der sich den Berg hinaufzieht, wird Nordic gewalkt, gejoggt oder ein Bello Gassi geführt. Ansonsten herrscht Ruhe.

Die Geschichte, die hinter der Entstehung des Jägerdenkmals steht, ist allerdings alles andere als beschaulich. Einen Hinweis darauf gibt die Gedenktafel in dessen Erdgeschoss. Sie erinnert an Albert Mayer, den ersten Toten des Ersten Weltkriegs auf deutscher Seite. Er war Mitglied eines in Mulhouse, das damals zu Deutschland gehörte, stationierten berittenen Jägerregiments und hatte den Auftrag, im französischen Hinterland mögliche Truppenbewegungen auszuspähen. Er kam nicht weit, denn er wurde entdeckt und tödlich verwundet – ebenso wie sein Gegner Jules-André Peugeot. Die jungen Männer starben am 2. August 1914, einen Tag, bevor offiziell der Krieg erklärt wurde. Bis zu dessen Ende kamen auf beiden Seiten 17 Millionen Menschen ums Leben. Besonders blutig war die Schlacht am Hartmannsweilerkopf in den Vogesen, den man an klaren Tagen vom Jägerdenkmal aus sehen kann. Allein von Mayers Jägerregiment starben 107 Soldaten. Ihnen zum Gedenken und nicht ohne propagandistischen Hintergrund wurde 1928 das Jägerdenkmal gebaut. Angesichts dieser Geschichte sollte man das Türmchen, von dem aus man so weit ins Nachbarland blickt, als ein Mahnmal gegen den Krieg betrachten.

Ob Grusel-, Galgen- oder Weintour, wer's genau wissen will, dem sei eine Stadtführung mit Kurt Lammert empfohlen.
www.muellheim-touristik.de/Veranstaltungen

Prachtvolle Iris und Lilien erblühen jedes Jahr auf dem Gelände der Staudengärtnerei Gräfin von Zeppelin in Laufen

50

Weinstube Café
Klemmbachmühle
Römerstraße 7
79379 Niederweiler
07631 2800
www.klemmbachmuehle.de

BRATWURST UND BRÄGELE AUF OMAS SOFA

Weinstube Café Klemmbachmühle

Es duftet nach Einkehr. Auf der Terrasse neben dem rauschenden Klemmbach dampft ein großer Wurstkessel und macht neugierig auf die würzigen Bauernbratwürste darin. Die Speisekarte verspricht Handfestes aus der badischen Küche. Neben Bratwurst werden Schnitzel, Tafelspitz und hausgemachte Maultaschen serviert, als Beilagen Brägele und Kartoffelsalat. Außerdem stehen herzhafte Vesper mit Schinken, Speck, Salami und Käse aus der Region zur Auswahl. Wer es gerne süß mag, kann sich auf selbst gebackene Kuchen freuen. Der Besuch der alten Klemmbachmühle lohnt sich bei jedem Wetter. Schließlich kommt man nicht allein wegen der herzhaften Speisen hierher, sondern weil ein Gesamterlebnis wartet. Das beginnt bereits mit dem Eintreten durch die reich verzierte Tür, auf der die Jahreszahl 1760 prangt.

Die Begrüßung übernimmt eine Ritterrüstung. Im Gastraum erwartet einen eine gelungene Synthese aus Museum und Flohmarkt. Dicke Teppiche auf dem Holzdielenboden, diverse Lüster über den Tischen, schummriges Licht. Man versinkt zwischen altem Kirchengebälk, Engelsfiguren und allerlei Geschnitztem und Gedrechseltem in bequemen Omasofas oder nimmt auf einem Bänkchen am Kachelofen Platz. An der Wand ticken Schwarzwalduhren zwischen prunkvollen Spiegeln, Bildern und Musikinstrumenten. Ein Besuch in der Mühle ist wie eine Zeitreise in Urgroßmutters Reich. An heißen Sommertagen bietet die lauschige Terrasse über dem Klemmbach mit reichlich Mühlenromantik eine erfrischende Alternative zum plüschigen Indoor-Ambiente.

Natürlich steht ein Ensemble wie die Klemmbachmühle unter Denkmalschutz. Früher wurde hier statt Kaffee Gips gemahlen. Mit dem Abbau und der Weiterverarbeitung von gipshaltigem Gestein, das in der Region reichlich vorhanden war, bestritten im Mittelalter viele Menschen ihren Lebensunterhalt.

Der Abstecher zur Klemmbachmühle lässt sich perfekt in eine Wanderung oder Radtour rund um Badenweiler integrieren.

51

Wie vor 300 Jahren werden die Ölsaaten in der Ölmühle Eberhardt zermalmt

Ölmühle Eberhardt
Weilertalstraße 8
79410 Badenweiler-Oberweiler
07632 7604
www.badenweiler.de

FLÜSSIGES GOLD UND ALTES HANDWERK

Ölmühle Eberhardt in Oberweiler

Als Erstes steigt einem der nussige Duft in die Nase, egal, ob die alte Ölmühle am Ortseingang von Oberweiler gerade in Betrieb ist oder nicht. Das feine Aroma hatte viel Zeit, bis in jede Ritze des Gebäudes vorzudringen. Sehr viel Zeit. Bereits seit dem 17. Jahrhundert greifen die Zahnräder dieses Wunderwerks der Mühlentechnik präzise ineinander. Seit 1854 ist die Anlage in Besitz der Familie Eberhardt, die sie im Nebenerwerb betreibt und dabei ein Spitzenprodukt erzeugt. Das Walnussöl der Ölmühle Eberhardt zieht Feinschmecker aus ganz Deutschland an. Wer Glück hat, kann sogar beim Pressen zuschauen.

Früher fanden sich mehrere solcher kleinen Ölmühlen entlang des Klemmbachs. Manch eine hat es ins Museum geschafft. Die Ölmühle in Oberweiler ist die letzte ihrer Art, die noch in Betrieb ist, und damit ein besonderer Glücksfall. Denn während andernorts meist moderne Technik zum Einsatz kommt, wird hier demonstriert, dass alte Handwerkskunst durchaus mithalten kann. Nach wie vor wird das Mühlrad mit Wasserkraft angetrieben. Und auch im Inneren scheint die Zeit stehen geblieben zu sein. Wie vor 300 Jahren zermalmt das schwere Mahlwerk die Ölsaaten auf dem Kollergang. Verarbeitet werden Haselnüsse, Kürbiskerne, vor allem aber Walnüsse. Sie stammen meist aus der Region und die Erzeuger liefern sie direkt an.

Die Mühle hat sich auf kaltgepresstes Öl spezialisiert. Hierfür werden die gemahlenen Nüsse schonend auf 30 bis maximal 40 Grad erwärmt, damit sich das Öl verflüssigt, ohne dass die wertvollen Inhaltsstoffe Schaden nehmen. Die Nussmasse wird dann in ein Kokostuch gepackt und in der hölzernen Schlagpresse zusammengedrückt, bis das Öl goldgelb über eine kleine Holzrinne in einen Behälter fließt. Zwei Kilogramm Nüsse ergeben einen Liter Öl. Eine hochwertige Delikatesse.

Die kaltgepressten Öle können direkt in der Mühle gekauft werden. Einen eigenen Hofladen gibt es nicht, deshalb empfiehlt es sich, vorher anzurufen.

52

Keine Goldbarren, sondern Messing. Die Reste des eingeschmolzenen ersten Tschechow-Denkmals sind im Literarischen Museum zu besichtigen.

Literarisches Museum Tschechow-Salon
Ernst-Eisenlohr-Straße 4
79410 Badenweiler

Tourist-Information
Schlossplatz 2
79410 Badenweiler
07632 799300
www.badenweiler.de

ORT DER LITERATUR UND LITERATEN

Literarisches Museum Tschechow-Salon

Die ersten Kurgäste in Badenweiler waren wohl die Römer. Sie entspannten im warmen Wasser der Thermalquellen ihre in Gefechten mit den Barbaren geschundenen Gliedmaßen. Einer der berühmtesten Kurgäste hielt sich im 19. Jahrhundert in der Gemeinde auf. Es war Anton Tschechow, der große russische Erzähler und Dramatiker. Nach ihm ist der Tschechow-Salon benannt, ein interaktives literarisches Museum, das einzige Tschechow-Museum in der westlichen Welt.

Auf 120 Quadratmetern wird in Wort und Bild Leben und Werk dieses berühmten Patienten reflektiert, der selbst Arzt war. Im Mittelpunkt steht der Aufenthalt Tschechows in dem Kurort. Gleichzeitig inszeniert sich Badenweiler mit dem Salon als Ort der Literatur und der Literaten. Steve Crane und Karl Jaspers weilten hier, ebenso Hermann Hesse, René Schickele, Annette Kolb, Gabriele Wohmann und viele andere. Der Philosoph Rüdiger Safranski war so begeistert, dass er gleich ganz herzog.

»Badenweiler ist ein sehr origineller Kurort, aber worin seine Originalität besteht, ist mir noch nicht klar geworden«, mit dieser Sentenz wird Tschechow im Salon zitiert. Viel Zeit hatte der Dichter indes nicht, eine Antwort zu finden. Der Kuraufenthalt war ein letzter Versuch, seine langjährige Tuberkuloseerkrankung zu lindern. Am 15. Juli 1904 verstarb er im ehemaligen Hotel Sommer, heute Reha-Klinik Park-Therme in Badenweiler.

Vier Jahre nach seinem Tod errichtete man ihm ein Denkmal, das erste weltweit. Es stand jedoch nur kurze Zeit. 1918 wurde es auf Befehl des großherzoglichen Innenministers für Kriegszwecke eingeschmolzen, letztlich aber doch nicht zum Kanonenrohr verarbeitet. Die so entstandenen Bronzebarren sind als skurriles Detail ebenfalls im Salon zu besichtigen.

Eine neue Tschechow-Büste steht seit 1992 im Kurpark etwas unterhalb der Burg Baden. Die Wegbeschreibung ist in der Tourist-Information im Kurhaus Badenweiler erhältlich.

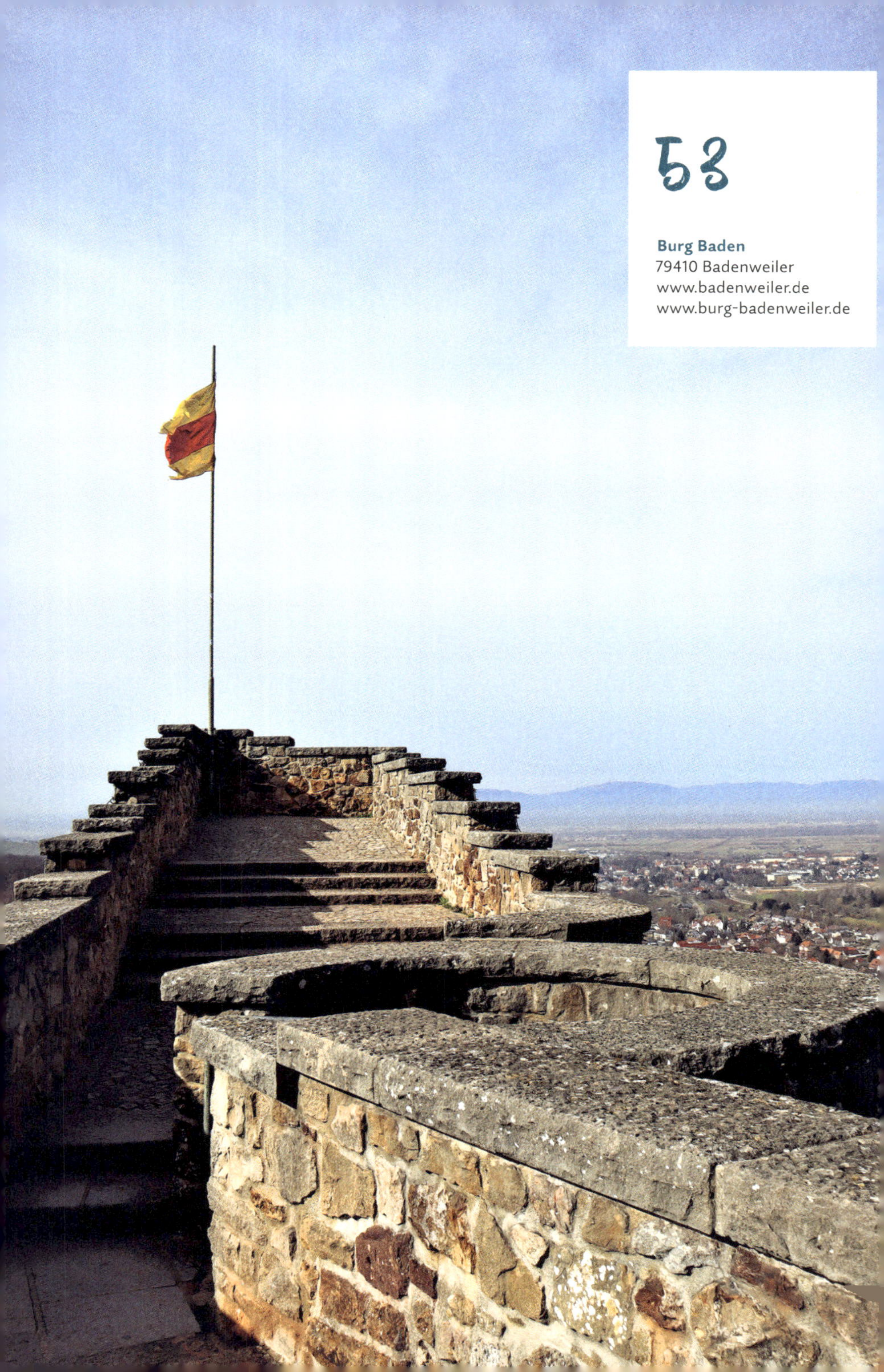

Burg Baden
79410 Badenweiler
www.badenweiler.de
www.burg-badenweiler.de

GEIERSNEST UND PRACHTBAU

Ruine der Burg Baden

Ein Fels, der so kess aus der Landschaft ragt, bleibt nicht lange ungenutzt. Wahrscheinlich schätzten bereits die Römer die Bergspitze von Aquae Villae als Aussichtsposten, um die Barbaren stets im Blick zu haben. Heute ist die malerische Burgruine hoch über Badenweiler ein Romantik-Hotspot. Zahlreiche Wege winden sich durch den Kurpark zum Burgberg hinauf, vorbei an Reben, Kräuterbeeten und exotischen Gewächsen. Wer dann noch die Wendeltreppe zum Bergfried emporkraxelt, den erwartet eine grandiose Rundumsicht von den Vogesen bis zum Schwarzwald. Der Ausblick vermittelt einen Eindruck von der strategischen Bedeutung der Bergspitze, die zur Rheinebene hin steil abfällt. Wie ein Geiersnest thronte die Festung auf der Anhöhe. Wann genau sie erbaut wurde, ist unbekannt. Fest steht jedoch, dass es sich bereits im 12. Jahrhundert um eine prächtige, militärische Anlage handelte, mit mächtigen Ringmauern, Wehrgängen, aber auch repräsentativen Sälen und Gemächern und – natürlich – einem gut ausgestatteten Weinkeller.

Lange galt die Burg als uneinnehmbar und war zugleich heiß umkämpft. Zunächst kontrollierten die Zähringer von hier aus den Silberbergbau im Schwarzwald, später wurde sie mehrmals verkauft, verschenkt, eingetauscht, vererbt. Zu den prominenten Bewohnerinnen gehörte Katharina von Burgund. Die Herzogin von Vorderösterreich residierte von 1404 für zwei Jahre auf ihrem Besitz hoch über Badenweiler. Das Ende der stolzen Burg besiegelten 1678 die Kanonen der französischen Truppen im niederländisch-französischen Krieg. Die Anlage diente fortan als willkommener Steinbruch für allerlei Baustellen in der Region, bis der Markgraf Karl Friedrich von Baden im 19. Jahrhundert das Romantik-Potenzial der Ruine erkannte. Dies war die Geburtsstunde des Tourismus in Badenweiler.

Im Westteil des Kurparks steht das Denkmal von Großherzog Friedrich I. Er residierte in den Sommermonaten im Großherzoglichen Palais in Badenweiler, einem Prachtbau mit öffentlichem Park gegenüber dem einst so renommierten Hotel Römerbad.

54

Inhalatorium
Luisenstraße
79410 Badenweiler

Tourist-Information
Schlossplatz 2
79410 Badenweiler
07632 799300
www.badenweiler.de

QUELLWASSER PERFEKT IN SZENE GESETZT

Inhalatorium

Ein achteckiger Mini-Palast im neobarocken Stil symbolisiert das, was Badenweiler seit über 2.000 Jahren ausmacht: warmes Wasser. Das Inhalatorium gilt als eines der kultur- und medizingeschichtlich bedeutsamen Bauwerke des Heilorts. Es steht genau über der Stelle, wo der große Schatz von Badenweiler verborgen ist: Hier dringt die berühmte Römerquelle aus dem Berg und lässt mit etwa einer Million Liter Thermalwasser pro Tag den Kurbetrieb sprudeln. Nach langem und unwürdigem Aschenputteldasein wurde das Gebäude aus dem Jahr 1913 saniert und 2016 wiedereröffnet. Seither ist es ein Schmuckstück und zugleich eine meditative Oase.

Nur ein paar Schritte vom Zentrum entfernt führt eine Wassertreppe hinauf zum Inhalatorium, das wie ein kleiner Tempel am Hang thront. Umgeben von Hotels, Reha-Einrichtungen und klassizistischen Bauten droht er fast zu verschwinden. Wären da nicht die üppigen goldverzierten Schmuckelemente, die für eine selbstbewusste Präsenz sorgen. Das Innere besteht aus einem einzigen, mit dezenten Lichteffekten in Szene gesetzten Raum, dessen Zentrum eine kreisrunde bronzene Brunnenschale bildet. In regelmäßigen Abständen sprudelt Wasser aus der Tiefe in das Becken und fließt behäbig über den Rand. Ein schönes Bild, das für die uralte Quelle im Untergeschoss steht.

Im Vorgängergebäude fanden Anfang des 20. Jahrhunderts noch Radonkuren für Patienten mit Rheuma und Nervenleiden statt. 1921 verabschiedete man sich von dieser Art der Therapie. Fortan wurde ohne radioaktives Gas inhaliert und aus dem Radium-Emanatorium wurde das Inhalatorium. Heute genießt man hier einfach die Ruhe und das leise Rauschen des Quellwassers. In diesem Sinne ist das Inhalatorium auch ein Meditatorium.

Schon die Kelten schätzten Thermalwasser. In der Römischen Badruine Badenweiler steht ein Weihestein für die Göttin Diana Abnoba, die für erfolgreiche Kuren sorgen sollte.

55

Römische Badruine Kurpark
79410 Badenweiler
07632 799300
www.badruine-badenweiler.de

Cassiopeia Therme
Ernst-Eisenlohr-Straße 1
79410 Badenweiler
07632 799200
www.badenweiler.de

Wellness für Vespasian

Römische Badruine

Das Leben im Angesicht des rauen Schwarzwaldes samt seiner kriegerischen Bewohner mag für die Römer in Germania superior einst nicht nur eine militärische, sondern auch eine mentale Herausforderung gewesen sein. Umso wichtiger waren für die Legionäre, die fern der Heimat im Einsatz waren, jene Infrastruktureinrichtungen, die Entspannung und ein gewisses Wohlfühlambiente garantierten. Mit den prächtigen Badeanlagen der Römer sollte den einfachen Soldaten ebenso wie den Offizieren, Beamten, Händlern, Gutsherren und Veteranen ihre Zeit bei den »Barbaren« erträglicher gestaltet und gleichzeitig den Einheimischen die römische Lebensart nähergebracht werden.

Eine der am besten erhaltenen Badruinen nördlich der Alpen befindet sich in Badenweiler, nicht weit entfernt vom aktuellen Wellnesstempel, der Cassiopeia Therme. Die luxuriöse Anlage stammt vermutlich aus dem zweiten Jahrhundert n. Chr. und muss seinerzeit ein wahrer Publikumsmagnet gewesen sein. Als Bauherr wird Kaiser Vespasian vermutet, der die Region am Oberrhein bestens kannte. Während seiner Ära kultivierten die Römer eroberte Gebiete. Sie errichteten Siedlungen und Landgüter.

Die Archäologen gehen von mehreren Bauphasen aus, bei denen das Bad nach und nach komfortabler gestaltet wurde. Zuerst verstärkte man die Wände, die mit nur 75 Zentimetern für die kühlere Witterung diesseits der Alpen zu dünn waren. Sie wurden auf stattliche drei Meter verdickt. Dann wurde das Bad um verschiedene Kaltwasserbecken, Schwitzräume, Empfangs- und Umkleideräume, Terrassen und schließlich einen überdachten Vorplatz erweitert. Ein weiterer Beleg römischer Baukunst sind die imposanten begehbaren Drainagekanäle, in denen das Wasser abgeleitet wurde.

Die Cassiopeia Therme direkt neben der Römischen Badruine ist eines der schönsten Thermalbäder im Südwesten Deutschlands.

56

Wandelhalle im Kurpark
Schlossplatz 2
79410 Badenweiler
www.badenweiler.de

Vom Kurhaus gelangt man über den **Hildegardgarten** zum Vogesenblick mit der **Wandelhalle.** Der Fußweg ist sehr gut ausgeschildert. Dauer: circa 20 Minuten. Ein Flyer mit der Wegekarte vom gesamten Kurpark ist bei der Tourist-Information im Kurhaus erhältlich.

EISERNE SCHÖNHEIT AM VOGESENBLICK

Wandelhalle im Kurpark

Das Schöne an einem Kurpark ist ja unter anderem, dass man hier unabhängig vom Schuhwerk flanieren kann. Keine Schlammlöcher lauern auf Pumps und Slipper, keine umgestürzten Bäume fordern akrobatisches Können ein, und meist bleibt auch der Puls stabil, denn die Steigungen halten sich in Grenzen. Hinsichtlich der Herzfrequenz stellt Badenweiler eine Ausnahme dar, denn der Kurpark steigt sanft an in Richtung der malerischen Ruine der Burg Baden.

Einer der bezauberndsten Orte des Kurparks ist die majestätische Wandelhalle mit ihren filigranen gusseisernen Säulen und Verzierungen. Sie liegt etwas versteckt am Westhang des Parks neben einer mächtigen Blutbuche. Wie ein Schaufenster öffnet sich hier die Landschaft, und der Blick schweift über sanfte Hügel und Rebhänge bis in die Vogesen. Die Aussicht verlieh dem Platz seinen Namen: Vogesenblick.

Ursprünglich befand sich die Wandelhalle neben dem alten Kurhaus. Sie wurde 1883 erbaut, war rund 45 Meter lang, viereinhalb Meter hoch und eine der bedeutendsten Gusseisenhallen im Südwesten. Ihr Zweck bestand darin, den Kurgästen bei Regen das Promenieren trockenen Fußes zu ermöglichen. Als das neue Kurhaus gebaut wurde, hatte die Wandelhalle ausgedient. Zum Glück entschied man sich, einen gut zehn Meter langen Teil davon am Vogesenblick wiederaufzubauen.

Der Kurpark von Badenweiler ist übrigens einer der baumartenreichsten in ganz Deutschland. Zu verdanken ist die botanische Pracht dem Markgrafen Karl Friedrich, der 1758 mit einer Nussbaumallee den Grundstein für die Umgestaltung des Schlossbergs in einen fürstlichen Promenadenberg legte. Nach dem Vorbild englischer Landschaftsgärten wurde eine ausladende Anlage mit exotischen Baumarten, romantischen Aussichtspunkten und sogar einem kleinen Lustschloss geschaffen.

In den Sommermonaten werden regelmäßig botanische Führungen durch den Kurpark angeboten. Termine bei der Badenweiler Thermen und Touristik unter 07632 799300.

57

Das schlichte **Grab von René Schickele** befindet sich auf dem Friedhof zwischen 79410 Badenweiler-Lipburg und Sehringen an der Lipburger Straße. Es liegt unter einer Baumgruppe im oberen Teil des winzigen Friedhofs.

Mehr Informationen über René Schickele im **Literarischen Museum Tschechow-Salon**
Ernst-Eisenlohr-Straße 4
79410 Badenweiler
07632 799300
www.literaturmuseum-tschechow-salon.de

HIMMLISCHE LANDSCHAFT

Grab von René Schickele

»Die schmiedeeiserne Tür war immer angelehnt, immer schien gerade jemand den Friedhof verlassen zu haben, aber nie hatte ich hier einen Menschen getroffen. Die Gräber waren gepflegt in der Art der winzigen Bauerngärten, nicht zu viel, nicht zu wenig. Für jede Jahreszeit stand eine Staude bereit und dazu die eine oder andere Sommerblume.« So beschreibt René Schickele im letzten Kapitel seines 1933 veröffentlichten Bändchens *Himmlische Landschaft* den kleinen Friedhof von Lipburg bei Badenweiler. Das Tor ist auch heute meist angelehnt und der so wunderschön gelegene Friedhof menschenleer. Wären da nicht einige wenige frische Gräber, könnte man meinen, die Zeit sei stehen geblieben.

Auf einer schlichten Grabplatte stehen, kaum zu entziffern, die Namen René und Anna Schickele. Der deutsch-französische Schriftsteller und Essayist lebte zwölf Jahre in Badenweiler in unmittelbarer Nachbarschaft zur Schriftstellerkollegin Annette Kolb. Beide engagierten sich für die deutsch-französische Verständigung in einer Zeit, als diese kurz vor Ausbruch des Zweiten Weltkriegs kaum noch möglich war. Der deutschstämmige Franzose Schickele ging schließlich ins Exil nach Sanary-sur-Mer in Südfrankreich und starb 1940 mit nur 57 Jahren in Vence.

Die sensibel melancholischen Texte Schickeles über die Region diesseits und jenseits des Rheins sind von einer tiefen Sehnsucht nach Frieden zwischen beiden Ländern geprägt und würdigen zugleich die himmlische Landschaft des Markgräflerlandes. Wer auf den Spuren Schickeles von Badenweiler über Sehringen nach Lipburg wandert, versteht, warum die Gegend dem Dichter so am Herzen lag. Fast jeder Hügel gibt den Blick frei auf die Rheinebene. Das Elsass liegt scheinbar zum Greifen nah.

Auf dem Friedhof bei Lipburg befindet sich auch das Grab des Schauspielers und Regisseurs Charles Regnier.

58

Blauen
Anfahrt: Von 79410 Badenweiler aus der L140 bis zur ausgeschilderten Abzweigung zum Blauen folgen. Hier biegt die K4948 ab und führt direkt zum Gipfel.

Tourist-Info Badenweiler
Kaiserstraße 5
79410 Badenweiler
07632 799300
www.badenweiler.de

SEIN BERG-WUNDER ERLEBEN

Der Blauen, Hausberg des Markgräflerlands

Manchmal möchte man einfach in die Luft gehen. Auf dem Blauen ist das möglich. Der Hausberg des Markgräflerlands ist ein Eldorado für Gleitschirmflieger. Wer sich traut, kann zum Tandemflug abheben und über der Rheinebene kreisen. Oder man bewahrt die Bodenhaftung und genießt die fabelhafte Aussicht von dem 1.165 Meter hohen Gipfel beziehungsweise von der Terrasse des Berghauses Hochblauen, dem dortigen Restaurant.

Der Berg – der seinen Namen zu Recht trägt, da er von Weitem tatsächlich blau schimmert – entfaltet zu jeder Jahreszeit und bei jeder Witterung seine Reize. Bei klarem Wetter gewährt er einen perfekten Blick auf die Schweizer Alpen. Wenn im Herbst das Tal in einem Nebelmeer verschwindet, lässt er die Vogesenspitzen wie auf Watte gebettet erscheinen. Und im Frühjahr bildet sein eigener schneebedeckte Gipfel einen bezaubernden Kontrast zur Obstblüte im Tal. Kein Wunder, dass ein Berg mit so vielen Aussichten und Ansichten zahlreiche Künstler inspiriert. Emil Bizer hat ihn mehrfach gemalt, René Schickele und Johann Peter Hebel haben ihm Texte gewidmet und August Macke hat zumindest in Briefen von ihm geschwärmt.

Ein zutiefst menschliches Bedürfnis scheint es zu sein, auf einem Berg einen Aussichtsturm zu errichten und die Möglichkeit zur Einkehr zu schaffen. Beides wurde auf dem Blauen bereits in den 1870er-Jahren realisiert. 1875 ließ der Schwarzwaldverein einen Holzturm aufstellen, 1895 wurde dieser durch ein stabileres Modell aus Gusseisen ersetzt. Die frühen Investitionen trugen schon bald Früchte. 1880 schaute sich der Großherzog von Baden auf dem Gipfel um, 1902 statte ihm die deutsche Kaiserin Auguste Viktoria mit Gefolge einen Besuch ab. Mittlerweile haben auch die Nachbarn aus der Schweiz und Frankreich den Blauen für sich entdeckt.

Den Blick vom Blauenturm sollte man auf keinen Fall verpassen.

59

Landgasthaus Ochsen
Bürgelnstraße 32
79379 Müllheim-Feldberg
07631 3503
www.ochsen-feldberg.de

KALBSKOPF IM BAUERNGARTEN

Landgasthaus Ochsen in Feldberg

Das Markgräflerland ist immer wieder für Überraschungen gut. Zum Beispiel in Feldberg, einem etwas entlegenen Ortsteil von Müllheim. Das malerische Dorf ist umgeben von Feldern, Streuobstwiesen und Weinbergen und verfügt über ein kulinarisches Zentrum, das badischer nicht sein könnte. Direkt an der Durchgangsstraße liegt der Landgasthof Ochsen, ein stattliches und architektonisch für die Region typisches Gebäude. Ein mächtiges Tor führt in den Innenhof, um den sich das Gasthaus samt Nebengebäuden gruppiert.

Der Blick auf die Speisekarte lässt schließlich keinen Zweifel daran, dass man sich hier im Herzen des Markgräflerlands befindet. Neben Klassikern wie Schnitzel, Steak, Wild und Entrecote werden badische Spezialitäten geboten, nach denen man andernorts lange suchen muss. Frische Kutteln in Weißweinsoße, Kalbsnieren in Pommery-Senfsoße oder Kalbskopf. Auf der Weinkarte findet sich so mancher Tropfen vom Rebberg gleich nebenan. Gespeist wird in der gediegenen Stube, die von einem der schönsten Kachelöfen weit und breit dominiert wird. Im Sommer laden hübsch gedeckte Tische auf der Gartenterrasse zum Verweilen ein. Von dort blickt man auf den von Blumen, Kräutern und Gemüse überbordenden Bauerngarten, der sanft in ein Wiesengelände übergeht. Ein wunderbarer Platz für eine mittägliche Auszeit.

Der Ochsen, der heute so stilvoll und modern daherkommt, baut auf eine über 250 Jahre alte Familientradition auf. Angefangen hat alles 1763 mit Anna Eglin, der ersten Wirtin. Die gediegene Küche sprach sich schon damals herum, und der Wein von den eigenen Weinbergen galt als weiteres Qualitätsmerkmal. Der Ochsen entwickelte sich rasch zu einem Landgasthaus, in dem sich die Rast lohnte. Und so ist das bis heute.

In der Gaststube des Ochsen sollte man unbedingt einen Blick auf die Bilder von Julius Kibiger werfen. Der gebürtige Feldberger war einer der schaffensfreudigsten Landschaftsmaler des Markgräflerlandes.

60

Die hochstämmigen alten Kirschbäume gehören zu den Besonderheiten des Eggenertals

Obstlehrpfad
Startpunkt: Grill- und Wanderparkplatz Stelli, der an der Straße zwischen 79418 Niedereggenen und Feuerbach liegt. Der Weg ist mit Schautafeln gekennzeichnet.

Tourist-Information
Wasserschloss Entenstein
79418 Schliengen
07635 310911
www.schliengen.de

MARKGRÄFLER KRACHER UND CHRIESIWÄHE

Obstlehrpfad im Eggenertal

Jedes Frühjahr verwandelt sich das Eggenertal in ein Kirschblütenmeer. Das duftende Schauspiel lockt nicht nur Schwärme von Bienen an, sondern auch Scharen von Naturliebhabern, denn eine Wanderung rund um die Ortschaften Obereggenen, Niedereggenen und Schallsingen ist während der Blütezeit ein ganz besonderes Erlebnis. Idealer Ausgangspunkt für den Kirschblütenstreifzug ist der Wanderparkplatz *Stelli* an der Verbindungsstraße zwischen Niedereggenen und Feuerbach, von dem aus man zu einer Tour auf dem rund zweieinhalb Kilometer langen Obstlehrpfad starten kann.

Das Eggenertal liegt etwas oberhalb der Rheinebene in der Vorbergzone des Schwarzwaldes. Dank seines moderaten Klimas ist es ein traditionsreiches Obstanbaugebiet und berühmt für seine Kirschen. Noch vor einigen Jahren dominierten hier die hochstämmigen heimischen Sorten, inzwischen werden vermehrt niedrigstämmige Plantagen angelegt. Dank der zum Teil unterschiedlichen Reifezeiten dauert die Kirschsaison im Eggenertal von Juni bis Juli.

Wer glaubt, dass Kirsche gleich Kirsche ist, wird auf dem Obstlehrpfad eines Besseren belehrt. Da gibt es zum Beispiel die Markgräfler Kracher, eine alte Tafelkirsche, fast schwarz und sehr süß. Oder die Langstieler, die leicht nach Bitterschokolade schmecken, tief dunkelrot sind und einen wunderbaren Saft liefern. Und natürlich die Markgräfler Süßkirschen mit ihrem leichten Marzipanaroma. Sie sind Hauptbestandteil des berühmten Schwarzwälder Kirschwassers und Belag für die Chriesiwähe, eine regionale Kuchenspezialität. »Chriesi« stammt von dem französischen Wort »cerise« ab, was »Kirsche« bedeutet, und wird auch im Schweizerdeutschen verwendet. Doch egal, wie man sie nennt, die Kirschen aus dem Eggenertal sind einfach köstlich!

Das Eggenertal lohnt sich nicht nur zur Kirschblüte. Von Mitte Februar bis Mitte Mai informiert das Blütentelefon unter 07635 8249649, welche Pflanzen gerade Blühsaison haben.
www.bluetentelefon.de

61

Schloss Bürgeln
79418 Schliengen
07626 237
www.schlossbuergeln.de

AUSFLUG INS MÄRCHENSCHLOSS

Schloss Bürgeln

Man kann von Glück reden, dass dieses Juwel erhalten blieb. Schloss Bürgeln ist einer der zauberhaftesten Orte im Markgräflerland. Im Stil des Rokoko auf halber Höhe zwischen Obereggenen und dem Blauen erbaut, fällt es schon von Weitem ins Auge. Die Aussicht von der Terrasse und vom barocken Schlossgarten ist grandios. An klaren Tagen schimmern in der Ferne sogar die weißen Gipfel der Schweizer Alpen.

Während seiner über 250-jährigen Geschichte hat das Schlösschen wechselhafte Zeiten, geprägt von Plünderungen, Brand, Verfall, Wiederaufbau und erneutem Verfall, erlebt. Ab dem 12. Jahrhundert war Bürgeln eine Propstei des Klosters St. Blasien. 1806 fiel es im Zuge der Säkularisierung an das Großherzogtum Baden. Der rote Faden zwischen all den Jahren bestand aus tiefroten Zahlen, die meist in einen Besitzerwechsel mündeten. Als Bürgeln 1920 wieder einmal zu haben war, erwarb es der eigens zu diesem Zweck gegründete Bürgeln-Bund e. V. Allerdings reichte die Vereinskasse nur für den Kaufpreis. Die dringende Renovierung nahm Richard Sichler vor, der das Schloss pachtete und prächtig ausstattete. Von ihm stammt auch eine Sammlung historischer Kachelöfen, die in Meißen restauriert und bemalt wurden.

Zu den Besonderheiten von Bürgeln zählen die Rokoko-Stuckarbeiten im Stil der Wessobrunner Schule. Bis heute nicht gänzlich gelöst ist das Rätsel um die Deckenuhren, die in jedem Raum und sogar im Treppenhaus zu finden sind. Waren die Bewohner einst so unter Termindruck, dass sie stets die Zeit wissen wollten? Oder sollten sie die Uhren an ihre eigene Vergänglichkeit erinnern? Wie auch immer. In jedem Fall verbirgt sich die einfallsreiche Konstruktion eines elsässischen Uhrmachers dahinter. Alle Zeiger werden durch ein zentrales Uhrwerk gesteuert – und zeigen exakt dieselbe Uhrzeit an.

Sehr empfehlenswert sind die Schlossführungen, die der Bürgeln-Bund anbietet, und das Schlosscafé mit seiner schönen Aussichtsterrasse.

62

Landhaus Ettenbühl
Hof Ettenbühl
79415 Bad Bellingen-Hertingen
07635 827970
www.landhaus-ettenbuehl.de

IM TAL DER ROSEN

Landhaus Ettenbühl bei Hertingen

Zwischen Welmlingen und Hertingen wird es auf der sonst so geschäftigen B 3 plötzlich einsam. Fast automatisch drosselt man die Geschwindigkeit und gondelt entspannt zwischen sanften Hügeln hindurch, rechts und links Obstplantagen, Mais- und Gemüsefelder. Das winzige Schild im kniehohen Gras, das den Weg zum Landhaus Ettenbühl weist, ist leicht zu übersehen. Im rechten Winkel zweigt ein Sträßchen ab, und nach dem nächsten Hügel wird es very british. Wir haben das Tal der Rosen erreicht.

Das Landhaus Ettenbühl ist berühmt für seine Rosenzucht und seinen fünf Hektar großen Landschaftsgarten im englischen Stil – mitten im Markgräflerland. Comte de Chambord, Burgundy Rambler, Mutabilis, Ghislaine de Feligonde, so die aristokratisch anmutenden Namen der exklusiven Eigenzüchtungen. Ettenbühl rühmt sich seiner über 1.000 Rosensorten, darunter auch die Scarman's Himalayan Musk. Sie trägt den Namen ihres Züchters, des Gartendesigners John Scarman, der in Fachkreisen so etwas wie ein Rosenpapst ist. Er war auch mit von der Partie, als der Lavendelgarten, die Fliederwiese und all die anderen idyllischen Themengärten angelegt wurden.

Von Anfang Juni bis Mitte Juli haben die alten englischen Rosensorten Saison. Doch auch außerhalb dieser Zeit ist die Farbenpracht betörend. Die Sammlung von Blütensträuchern und seltenen Gehölzen ist das ganze Jahr über sehenswert.

Ursprünglich war Ettenbühl ein Aussiedlerhof mit Gemüseanbau. Bis die Besitzerin Gisela Seidel bei Reisen durch England ihre Leidenschaft für englische Gärten entdeckte und einen ersten privaten Rosengarten anlegte. Daraus entwickelte sich das Landhaus Ettenbühl mit den weitläufigen Anlagen, kleinen Teichen, Hecken und dem teppichweichen englischen Rasen. Am schönsten ist der Besuch am frühen Vormittag, wenn noch Tau auf den Rosenblüten und Stille über den Gärten liegt.

Zum Landhaus Ettenbühl gehören eine Gärtnerei, Gästezimmer und ein Restaurant-Café. Eine der Spezialitäten hier ist die English Tea Time (nur mit Voranmeldung) und der Cream Tea mit Scones und Clotted Cream.

68

Theater im Hof
Theaterförderverein e. V.
Ortsstraße 15
79400 Kandern-Riedlingen
07626 972081
www.theaterimhof.de

KLEINE BÜHNE FÜR GROSSE STARS

Theater im Hof in Riedlingen

Das mit den Geheimtipps ist so eine Sache. Sobald sie publik werden, ist der Status passé. Auch wenn das Theater im Hof zu den etablierten Kulturangeboten zwischen Freiburg und Basel gehört, stellt es dank seines intimen Rahmens etwas ganz Besonderes dar. Seit 1992 verwandelt sich der Innenhof eines über 250 Jahre alten Markgräfler Anwesens in Kandern-Riedlingen für zwei Wochen im Jahr zum Schauplatz eines kleinen, hochkarätigen Theaterfestivals. Im Zentrum des Hofs steht eine mächtige alte Kastanie, unter deren Blätterdach Besucher und Darsteller an meist lauen Sommerabenden in eine einmalige Atmosphäre eintauchen.

Was sich auf der rund sechs Quadratmeter kleinen Bühne abspielt, ist eine mit Bedacht ausgewählte Mischung aus Kammerspiel, Konzert und Lesung. Das gleichermaßen regional wie international geprägte Programm wartet mit Bekanntem, weniger Bekanntem und Überraschendem auf. Und vor allem werden immer wieder große Namen geboten. David und Heinz Bennent waren hier, ebenso Harald Kimmig, Angela Winkler, Urs Widmer, Ulla Lachauer, Helmut Postel, Bruno Ganz und viele andere, deren Welt sonst eher die großen Bühnen sind. Dass solche Stars den Weg nach Riedlingen gefunden haben, ist dem Gastgeberpaar zu verdanken. Dieter Bitterli, Regisseur, Theaterleiter und emeritierter Professor an der Berliner Universität der Künste, sowie Dorothea Koelbing, ebenfalls Regisseurin, sind bestens in der Szene vernetzt.

Das Theater im Hof ist ein filigranes System, in dem auch ein Förderverein eine Rolle spielt. Dieser managt den Spielbetrieb, organisiert die Bewirtung und sammelt Spenden. Das Zusammenwirken aller Beteiligten ist ein Kammerspiel für sich und ein Glücksfall, denn nur so konnte diese außergewöhnliche Begegnungsstätte zwischen Künstlern und Publikum geschaffen werden.

Das Theater im Hof bietet auch für Kinder ein spannendes, jährlich wechselndes Programm.

Kandertalbahn
Bahnhofstraße 15
79400 Kandern
www.kandertalbahn.de

Tourist-Information Kandern
Hauptstraße 18
79400 Kandern
07626 972356
www.kandern.de

RAUCHZEICHEN VOM CHANDERLI

Kandertalbahn

Um ein Haar wäre es um die Kandertalbahn geschehen gewesen. Die Gleise waren verrostet und von Unkraut überwuchert; die seit einem Unwetter 1983 stillgelegte Bahnstrecke bot ein Bild des Jammers. Doch dann formierten sich die Eisenbahnfreunde der umliegenden Städte und Gemeinden, retteten die Kandertalbahn und verwandelten sie in eine Museumsbahn. In der Rekordzeit von drei Jahren brachten sie die marode Strecke auf Vordermann. Seit 1986 dampft und schnauft das »Chanderli«, wie das Bähnchen liebevoll genannt wird, wieder durch das idyllische Kandertal und befördert von Frühling bis Herbst begeisterte Eisenbahnfans. 15 Kilometer Dampflokromantik pur.

Die Strecke führt über Kandern, Hammerstein, Wollbach, Wittlingen, Rümmingen und Binzen nach Haltingen. Das liegt direkt an der Schweizer Grenze, weshalb viele Schweizer Eisenbahnfans sich diese Attraktion nicht entgehen lassen. Die Ausstattung der Waggons darf man, verglichen mit heutigen Standards, getrost als rustikal bezeichnen. Viele der Loks und Wagen haben deutlich mehr als 100 Jahre auf dem Buckel und lassen Eisenbahngeschichte lebendig werden. Zu den besonderen Raritäten gehört ein Personenwagen von 1894, der für Passagiere mit schmalem Reisebudget eine 3. Klasse mit Holzlattenbänken bot. Die aufwendige Restaurierung der alten Züge geschieht in ehrenamtlicher Arbeit durch den Verein Kandertalbahn, der zugleich für Reparaturen, Unterhalt und Betrieb verantwortlich ist.

Ihre Blütezeit hatte die Kandertalbahn von 1895, dem Jahr ihrer Inbetriebnahme, bis circa 1915. In dieser Zeit war Kandern ein aufstrebendes Städtchen mit Bergwerksbetrieben und Tonfabriken, in denen Ziegel und Gebrauchsgeschirr gefertigt wurden. Als Töpferstadt ist Kandern heute noch berühmt.

Die Kandertalbahn fährt von Mai bis Oktober. Einen Blick hinter die Kulissen kann man ganzjährig bei einer Lokschuppenbesichtigung im Bahnhof Kandern werfen. Termine und Fahrplan unter www.kandertalbahn.de.

65

Die alten Platanen und liebevoll gestaltete Fassaden verleihen dem **Blumenplatz** im Herzen von 79400 Kandern ein fast mediterranes Flair. Er liegt direkt an der Hauptstraße des Orts.

Tourist-Information Kandern
Hauptstraße 18
79400 Kandern
07626 972356
www.kandern.de

EIN UNVERGESSENES WIRTSHAUS

Blumenplatz

Das einst so umtriebige Kandern war berühmt für seine Eisenverhüttung, seine hochwertigen Ziegel und Töpferwaren sowie seine Märkte. Mit den Jahren ist es jedoch etwas ins wirtschaftliche Abseits gerückt. Heute zeichnet sich das Städtchen eher durch eine unaufgeregte Betriebsamkeit und einen Touch südländischen Laissez-Faires aus. Bester Beobachtungsposten, um die Stimmung einzufangen, ist eines der Bänkchen im Platanenschatten auf dem Blumenplatz. Rundum Bürgerhäuser, zum Großteil mit hübschen Eingangsportalen oder Arkaden. Kein Wunder, dass er als einer der schönsten klassizistischen Plätze im Südwesten gerühmt wird.

Der offizielle Name des Platzes ist übrigens Schillerplatz. Als die Anlage 1840 gestaltet wurde, musste eine ganze Häuserzeile der Abrissbirne weichen, darunter auch das Gasthaus Blume. Aus dem kollektiven Gedächtnis wurde es damit jedoch nicht verbannt. Die Kanderner standen ihrem Wirtshaus ganz offensichtlich näher als dem Dichter und Denker aus dem Schwäbischen. Und deshalb wurde der Schillerplatz still und leise umgetauft. Ein bekannter Name taucht auf dem Platz dennoch auf, und zwar der von Professor Adolf Kußmaul. Eine Infotafel am Haus Nummer 8 verrät, dass der renommierte Mediziner und spätere Ordinarius der Universitäten Freiburg und Straßburg hier von 1850 bis 1853 als einfacher Landarzt praktizierte.

Ein paarmal im Jahr feiert Kandern Wiederauferstehung als Marktflecken. Dann werden die Autos vom Blumenplatz verbannt. Mitte September findet hier ein Töpfermarkt statt, einer der farbenprächtigsten der Region. Und – ebenfalls im September – steigt auf dem Blumenplatz parallel zu Reitturnier und *Chanderner Rossmaert* das Budenfest.

Überraschende Einblicke in die Geschichte von Kandern vermittelt eine Erlebnisführung mit dem Hafner Luis alias Monika Haller. Termine erfahren Sie bei der Tourist-Info.

66

Idyllische Ansicht in der Ziegelstraße am Rande des August-Macke-Rundwegs

August-Macke-Rundweg
Startpunkt: Tourist-Information Kandern
Hauptstraße 18
79400 Kandern
07626 972356
www.kandern.de

AUF DEN SPUREN DES MALERS

August-Macke-Rundweg

Die *Wäsche im Garten in Kandern* hängt heute im Museum in Freiburg. Das im impressionistischen Stil gemalte Bild von August Macke (1887–1914) entstand 1907 während eines Besuchs des jungen Künstlers in Kandern. In das kleine Städtchen im Markgräflerland kam er häufig, denn hier lebten seine Mutter und seine Schwester Auguste, die Wirtin vom Gasthaus Krone. Kandern wurde so etwas wie ein Basislager für August Macke und Ausgangspunkt für seine Reisen nach Basel und Paris. Vor allem aber fand er in dem Städtchen Ruhe und Inspiration zum Malen. 20 Ölgemälde und zahlreiche Zeichnungen entstanden während seiner Zeit hier. Davon wiederum ließen sich kulturbewusste Bürger der Stadt inspirieren und richteten den August-Macke-Rundweg zu Ehren des berühmten Sommerfrischlers ein. Wer die Stationen entlanggeht, kann den Weg vom Motiv zum Bild nachvollziehen und gewinnt gleichzeitig einen Eindruck vom schöpferischen Prozess.

Der August-Macke-Rundweg führt zu den Plätzen und Ecken Kanderns, die für das Werk des Malers eine Rolle spielten. Er umfasst zehn Stationen, die alle mit Bildreproduktionen und Informationen zu den biografischen und künstlerischen Bezügen Mackes ausgestattet sind. So gesehen ist die etwa einstündige Tour auf seinen Spuren auch eine sehr persönliche Begegnung mit dem Künstler, der mit 27 Jahren auf dem Schlachtfeld des Ersten Weltkrieges zu Tode kam.

Leider blieben nicht alle in Kandern entstandenen Werke des Künstlers erhalten. Mackes abstrakte Wandbilder im Festsaal des Gasthaus Krone befremdeten das Publikum so sehr, dass sie auf Anweisung der Stadt entfernt werden mussten. Erhalten ist der Stadt ein anderes besonderes Bild namens *Knabe auf dem flachen Dach*, das heute im Heimat- und Keramikmuseum Kanderns hängt und Mackes Freund Claus Cito auf dem Dach der Krone zeigt.

Einen Flyer mit Wegbeschreibung erhalten Sie bei der Tourist-Info oder unter www.kandern.de (Stichwort: August-Macke-Rundweg).

67

Eine Gedenktafel erinnert an Johann August Sutter. Sein Geburtshaus, das einst eine Papiermühle beherbergte, ist heute ein privates Wohnhaus und kann nur von außen besichtigt werden.

Geburtshaus von Johann August Sutter
Papierweg 8
79400 Kandern

Tourist-Information Kandern
Hauptstraße 18
79400 Kandern
07626 972356
www.kandern.de

DER KAISER VON KALIFORNIEN

Geburtshaus von Johann August Sutter

Ein Spaziergang entlang des liebevoll renaturierten Flüsschens Kander führt zum Papierweg, wo man nach einigen Metern auf ein hübsches Fachwerkhaus stößt, das einst eine Papiermühle war. Wer genauer hinschaut, staunt über eine bemerkenswerte Gedenktafel. »Geburtsstätte von Joh. Aug. Sutter, gen. Kaiser von Kalifornien«, steht da. Hinter diesen knappen Worten verbirgt sich eine Geschichte, die so ungeheuerlich ist, dass sie hier erzählt werden muss.

Sie handelt von Johann August Sutter, der in Kandern das Licht der Welt erblickte und zum berühmtesten Auswanderer Baden-Württembergs wurde. Eine schillernde Persönlichkeit; ein Geschäftsmann und Abenteurer zugleich. Er gründete eine Firma in Basel, ging jedoch in Konkurs, und da er zudem wegen Betrug und Diebstahl von der Polizei gesucht wurde, setzte er sich nach Amerika ab. Dort schloss er sich einem Treck ins »gelobte Land« Kalifornien an. Er war geschäftstüchtig, kam zu Geld und kaufte einen ganzen Landstrich, den er Neu-Helvetien taufte. Als Farmer und Großgrundbesitzer wurde er so reich, dass man ihn »Kaiser von Kalifornien« nannte. Eines Tages fand man Gold bei den Bauarbeiten zu seiner Sägemühle, der *Sutter's Mill*. Das sprach sich wie ein Lauffeuer herum und ein unfassbarer Goldrausch brach an. Sutters Land wurde förmlich überrannt, seine Felder wurden umgewühlt, die Wälder abgeholzt. Der »Kaiser« war ruiniert.

Er klagte beim obersten Gerichtshof von Kalifornien gegen die Massen von Eindringlingen, die sich sein Land angeeignet hatten. Zwar bekam er Recht, doch der Staat war zu schwach, dieses durchzusetzen. Über 20 Jahre kämpfte Sutter um Entschädigung und starb schließlich verbittert, krank und völlig verarmt. Eine Geschichte wie eine klassische Tragödie, die in einem Fachwerkhaus in Kandern ihren Anfang nahm.

Das Leben von Johann August Sutter ist Gegenstand der spannenden Erzählung *Eldorado* von Stefan Zweig in dem Band *Sternstunden der Menschheit*.

68

Wolfsschlucht
Startpunkt: Wanderparkplatz am Böscherzenweg
79400 Kandern

Tourist-Information Kandern
Hauptstraße 18
79400 Kandern
07626 972356
www.kandern.de

WO DIE EULEN HEULEN

Wolfsschlucht

Ein wenig unheimlich ist es schon, wenn man in den frühen Morgenstunden durch die Wolfsschlucht wandert. Nach dem kurzen Weg vom Waldparkplatz am Böscherzenweg hinter dem Bahnhof von Kandern und einem recht harmlosen Einstieg in die Schlucht ist man urplötzlich von meterhohen dicht bemoosten Felsformationen umgeben. Wie stumme, in grüne Umhänge gehüllte Riesentrolle stehen sie da. Rechts und links erheben sich mächtige Bäume und Felswände. Die Schlucht wird immer enger. Nur spärlich dringt das Sonnenlicht hierher. Von Weitem hört man eine Eule heulen. Sonst herrscht Stille. Von Wölfen zum Glück keine Spur. Ab und an erinnert das Motorengeräusch eines auf der nahen Straße vorbeifahrenden Autos, dass man doch nicht ganz so weit von der Zivilisation entfernt ist, wie es den Anschein hat.

Nach etwa 15 Minuten Gehzeit öffnet sich die Schlucht zu einem rustikalen Grillplatz. Auf der einen Seite geht der Blick bis ins Tal, wo am Wochenende die historische Kandertalbahn vorbeischnauft; die Rückseite des Platzes bildet eine Felswand mit unzähligen Höhlen. Die Wolfsschlucht ist als Rundweg zu begehen, der sich – festes Schuhwerk vorausgesetzt – auch für einen Familienausflug gut eignet. Das Kerngebiet umfasst ein Biotop, knapp einen halben Hektar groß, mit sehr altem Wald aus Ahorn und Eschen, Buchen, Eichen und Ulmen. Entstanden ist die Wolfsschlucht vor etwa 160 Millionen Jahren durch einen Wasserlauf, der sich seinen Weg durch das weiße Juragestein grub und so die bizarren Felsformationen schuf.

Natürlich werden über so einen Ort jede Menge Sagen erzählt. Zum Beispiel die vom Brudersloch im Behlenwald. Sie handelt von einem Bruder, einem Mönch, der in einer der Höhlen hauste und Kieselsteine zu Gold verwandeln konnte.

Start der Tour ist am Busbahnhof von Kandern. Von hier aus geht es über den Böscherzenweg in die Wolfsschlucht. Der sieben Kilometer lange Rundweg durch die Schlucht ist ausgeschildert.

69

Bauernhausmuseum Schneiderhof
Am Schneiderhof 6
79585 Steinen-Endenburg,
Ortsteil Kirchhausen
07629 1553
www.bauernhausmuseum-schneiderhof.de

ZU BESUCH BEI BERTA

Bauernhausmuseum Schneiderhof in Kirchhausen

Sanft streicht der Wind über die Beerenstauden und Blumen im kunterbunten Bauerngarten. Das Strohdach knistert in der Sonne. Wie eine Mütze schützt es das von der Last der Zeit gebeugte Bauernhaus. Über 300 Jahre sitzen dem Schneiderhof im Gebälk. 1696, also gut 90 Jahre vor der Französischen Revolution, wurde es als sogenanntes Hochsäulenhaus in der Vorbergzone des Schwarzwaldes erbaut. Und weil die ehemaligen Besitzer durch Inflation und Krieg zweimal ihre gesamten Ersparnisse verloren hatten, wurde es nie umgebaut. So blieb der Originalzustand erhalten und konnte durch einen Verein vor dem Verfall gerettet werden.

Wer größer ist als 1,70 Meter, sollte besser den Kopf einziehen, um den Besuch auf dem Schneiderhof nicht in schmerzhafter Erinnerung zu behalten. Der Türsturz hat hohes Beulenpotenzial, denn vor 300 Jahren waren die Menschen bekanntlich um einiges kleiner als heute.

Im Bauernhaus wird die berührende Geschichte von Berta lebendig, der selbstbewussten letzten Bewohnerin. Sie ist in jedem Winkel spürbar. Schon beim Betreten der komplett rußgeschwärzten Küche beschleicht den Besucher das Gefühl, dass Berta womöglich nur kurz nebenan im Stall ist oder auf dem Feld. Aus dem Kamin wabert beißender Qualm und zieht ab ins Dach, wo die Schinken zum Räuchern hängen. Das Geschirr zum Schnapsbrennen in der Kammer nebenan ist einsatzbereit. Und in der Stube mit dem mächtigen Kachelofen steht man den Bewohnern dann Auge in Auge gegenüber. Berta als junge Frau im Sonntagsstaat, die Mutter in Markgräfler Tracht. Die vergilbten Fotos zeigen schöne, stolze Bäuerinnen mit selbstbewusstem Blick. Noch mit 90 Jahren bewirtschaftete Berta ihren geliebten Schneiderhof. Allein, unter größten Entbehrungen, aber zufrieden. Sie starb 1986. Ihr Hof ist heute eine Art lebendiges Museum.

Das Bauernhausmuseum bietet Führungen an und so wunderbare Aktionen wie Schnapsbrennen, Schmieden, Speckvesper und vieles mehr. Aktuelle Termine erfahren Sie beim Schneiderhof.

70

Hebelhaus
Bahnhofstraße 1
79688 Hausen im Wiesental
Öffnungszeiten und Führungen unter www.hebelhaus-hausen.de

MUNDARTDICHTER VON WELTRANG

Hebelhaus

Man muss ihn mögen. Der Schriftsteller und Aufklärer Johann Peter Hebel (1760–1826) ist bis heute eine Ausnahmeerscheinung im Reigen der Dichter und Denker. Sein im Dialekt verfasstes Werk, das bereits Goethe und Kafka schätzten, zählt zur Weltliteratur. Grund genug, sich auf die Spuren dieses berühmten und leidenschaftlichen Markgräflers zu begeben. Einen Einstieg bietet das Haus seiner Kindheit in Hausen im Wiesental. In dem 1562 erbauten Fachwerkhaus wurde zu Ehren Hebels unter der Regie des Deutschen Literaturarchivs Marbach ein literarisches Museum eingerichtet.

Das Erdgeschoss des Hebelhauses ist Veranstaltungen und Lesungen gewidmet. Über eine schmale Holzstiege erreicht man den ersten Stock, in dem der junge Hebel in den Wintermonaten zusammen mit seiner Mutter lebte. Den Sommer verbrachten sie in Basel, wo die Mutter bei einer Patrizierfamilie arbeitete. Der Vater starb an Typhus, als Hebel ein Jahr alt war. Seine Mutter verlor er mit 13 Jahren. Sie starb auf der Fahrt von Basel nach Hausen in seinen Armen. Ein Schock, der später in seinem ergreifenden Gedicht *Vergänglichkeit* anklingt. Um dem Jungen den Besuch des Gymnasiums und ein Studium finanzieren zu können, wird das Haus verkauft. Sein Leben lang wird Hebel Heimweh nach dem geliebten Wiesental haben. Die behutsam gestaltete Ausstellung gibt einen berührenden Einblick in sein Werk und in das kärgliche Leben der kleinen Familie in Hausen. Das spärliche Mobiliar stammt aus dem Helbel'schen Haushalt.

Eine noch schmalere Stiege führt zum Dachgeschoss. Hier geht es um Hebelpreisträger, zu denen unter anderem Albert Schweitzer, Elias Canetti, Arno Geiger und Franz Hohler gehören. Und man staunt, dass Hebels Gedichte sogar Eingang ins russische Volkslied und in den japanischen Moralunterricht fanden.

Jeweils zu Hebels Geburtstag am 10. Mai feiert Hausen seinen großen Dichter mit einem Fest. In geraden Jahren wird an diesem Tag der mit 10.000 Euro dotierte Hebelpreis verliehen, er ist nach dem Schillerpreis der bedeutendste Literaturpreis des Landes Baden-Württemberg.

71

Peterskirche
Im Kirchhofweg
79588 Efringen-Kirchen,
Ortsteil Blansingen

Tourist-Information
Hauptstraße 26
79588 Efringen-Kirchen
07628 8060
www.efringen-kirchen.de

DIE RETTUNG DES HÖLLENRACHENS

Peterskirche in Blansingen

Zeitgenossen, die zu Übertreibungen neigen, wird gerne empfohlen, »die Kirche im Dorf zu lassen«. Eine Redewendung, die in Blansingen offensichtlich nicht berücksichtigt wurde, denn die evangelische Peterskirche liegt ein ganzes Stück außerhalb des Dorfes zwischen Wiesen und Feldern. Warum dieser Ort gewählt wurde, konnte bislang nicht geklärt werden. Die Ursprünge des schlichten Saalbaus, dessen Fundament ein römischer Fußboden sein soll, gehen möglicherweise bis in die Merowingerzeit zurück, 1173 wurde er erstmals urkundlich erwähnt. Die heute noch existente spätgotische Kirche stammt aus dem Jahr 1457. Ein Besuch ist nicht wegen der ebenso malerischen wie außergewöhnlichen Lage interessant, sondern wegen der zum Teil sehr gut erhaltenen mittelalterlichen Wandbilder. Sie gehören zu den besonderen Schätzen sakraler Kunst am Oberrhein.

Der großflächige Bilderzyklus, der nahezu die gesamten Wandflächen bedeckt, beschreibt biblische Szenen, darunter die Kreuzigung Christi, die Auferstehung und die Petruslegende. Besonders eindrucksvoll ist die Darstellung des Jüngsten Gerichts in Form eines Höllenrachens, der die armen Sünder verschlingt. Die Malereien wurden in Seccotechnik ausgeführt, das heißt, die Farbe wurde auf den trockenen Putz aufgetragen. Man geht davon aus, dass zwei Künstler damit beschäftigt waren.

Eigentlich hatte die Gemeinde Ende des 18. Jahrhunderts vor, die Kirche abzureißen und eine neue zu bauen. Zum Glück stießen die Ratsherren beim fürstlichen Stift St. Blasien, dem das Gebäude damals gehörte, auf taube Ohren. Stattdessen wurde renoviert, wobei ein Teil der Wandmalereien dem Einbau von gotischen Fenstern zum Opfer fiel. Der Rest des Bilderzyklus wurde übertüncht, erst 1924 wiederentdeckt, 1953 freigelegt und bis 1955 restauriert.

Nicht weit von der Peterskirche entfernt bietet der Sonnenhof Obst und Gemüse aus eigenem Anbau. Lohnenswert ist auch der Besuch der hofeigenen Gaststätte. www.sonnenhof-blansingen.de

72

Isteiner Klotz
Die Felsformation liegt nahe beim Friedhofsparkplatz
Im Innerdorf
79588 Efringen-Kirchen, Ortsteil Istein

Tourist-Informatio
Hauptstraße 26
79588 Efringen-Kirchen
07628 8060
www.efringen-kirchen.de

DAS STEILE OBJEKT DER BEGIERDE

Felsformation Isteiner Klotz

Der sagenumwobene Loreleyfelsen und der Isteiner Klotz haben eines gemeinsam: Beide sorgten einst bei den Rheinschiffern für Angst und Schrecken. Denn die tückischen Stromschnellen und Klippen um die Felsen herum wurden vielen von ihnen zum Verhängnis. Auf eine Sage wie die von der geheimnisvollen Nymphe, die mit ihrem Gesang die Schiffer ins Verderben lockte, muss man am Isteiner Klotz allerdings verzichten. Was zur Folge hat, dass dieser kein touristischer Hotspot ist, sondern ein Geheimtipp.

Die fast weiße Felsformation ragt zwischen Istein und Kleinkems senkrecht in die Höhe. Wo vor vielen Jahren die Schiffer um ihr Leben kämpften, kann man heute bequem parken. Vom Rhein weit und breit keine Spur. Mit der Begradigung des Flusses im 19. Jahrhundert wurde der Klotz trockengelegt, und das ehemalige Fischerdorf Istein wandelte sich zum Winzerdorf.

Der Bergrücken weckte seit Jahrtausenden Begehrlichkeiten. Bereits in der Jungsteinzeit wurde hier Feuerstein abgebaut. Und wie so viele Orte, die einen guten Überblick über das Treiben von Freund und Feind bieten, war auch der Klotz idealer Standort für eine Burg. 1185 wurde Burg Istein erstmals erwähnt. Bauherren waren die Bischöfe von Basel. Die in den Fels gemeißelte Burgkapelle, die St.-Vituskapelle, ist noch heute zu besichtigen. Von der Burg selbst blieb nur ein Steinhaufen. Sie wurde 1411 von Basler Truppen zerstört.

Für die militärische Nutzung blieb der Klotz weiterhin attraktiv. Sein Innenleben kann man sich wie einen Schweizer Käse vorstellen. Als Teil des Westwalls wurden während des Zweiten Weltkriegs 113 Bunker in die Kalkfelsen gehauen. Noch heute erinnern martialische Betonplatten auf dem Felsrücken an die zerstörten Anlagen. In einem der Stollen unterhielt die Bundeswehr bis 2005 ein Sanitätsdepot.

Um den Bergrücken der Isteiner Felsformation, die unter Naturschutz steht, führt ein ausgeschilderter Rundweg. Zufahrt ist über Huttingen, Start am Parkplatz beim Sportplatz.

78

Isteiner Schwellen
Der L137 von Istein nach 79588 Efringen-Kirchen folgen. Kurz vor dem dortigen Sportplatz geht ein kleines Sträßchen rechts ab Richtung Rhein, das Sie zum Waldparkplatz bei den Isteiner Schwellen führt.

Tourist-Information
Hauptstraße 26
79588 Efringen-Kirchen
07628 8060
www.efringen-kirchen.de

PICKNICK MIT RHEINRAUSCHEN

Naturschauspiel Isteiner Schwellen

Man glaubt es kaum, aber vor Urzeiten versperrte das Jura-Massiv dem Rhein seinen Weg nach Norden, sodass dieser nicht in die Nordsee, sondern ins Mittelmeer mündete. Ein Überbleibsel aus dieser erdgeschichtlichen Ära sind die Isteiner Schwellen bei Efringen-Kirchen. Der Rhein schlängelt sich hier – mal behäbig, mal wild – zwischen Felsblöcken, Geröllfeldern und Kiesinseln hindurch. So entsteht ein grandioses Naturschauspiel. Das Faszinierende ist, dass sich je nach Wasserstand immer neue Picknick- und Badeplätze bilden.

Die Isteiner Schwellen sind eine Miniatur davon, wie der Rhein noch Anfang des 19. Jahrhunderts aussah. Er mäanderte zwischen Basel und Karlsruhe fast amazonasmäßig auf einer Breite von bis zu drei Kilometern und formte ein sich ständig veränderndes Geflecht von Flussarmen und Inseln. Wegen der häufigen Überschwemmungen war kaum Ackerbau in Ufernähe möglich. Die Anwohner der Auwälder litten unter Malaria, und der Großherzog von Baden sowie der König von Frankreich litten darunter, dass sie aufgrund des launischen Wasserlaufs die Grenze zwischen ihren Ländern nie genau bestimmen konnten. Deshalb wurde 1810 der badische Ingenieur Johann Gottfried Tulla beauftragt, den wilden Rhein in feste Bahnen zu bannen. Außerdem wollte man den Fluss schiffbar machen, Land gewinnen und das Sumpffieber eindämmen.

1817 nahm Tulla das Mammutprojekt in Angriff, seine Vollendung erlebte er nicht mehr. Selbst an Malaria erkrankt, starb er 1828. Erst 1876 war die Rheinbegradigung abgeschlossen, die dem Fluss ein völlig neues Aussehen verlieh. Seither ist er fast 100 Kilometer kürzer, tiefer und fließt schneller. Die Sümpfe sind verschwunden und mit ihnen auch ein Großteil der Schnaken. Die Grenze zwischen Frankreich und Deutschland verläuft mitten durch den Fluss.

Die Isteiner Schwellen sind auch perfekt mit dem Fahrrad zu erreichen, denn der Radweg von Breisach nach Basel führt direkt am Rhein entlang.

74

Petite Camargue Alsacienne
1, Rue de la Pisciculture
F-68300 Saint-Louis
+33 (0)389 897859
www.petitecamarguealsacienne.com/de

Anfahrt: In Saint-Louis auf die D66 abbiegen mit Ziel Sportplatz (Stade de l'Au), dann der Rue du Canal folgen bis zum Parkplatz beim Schleusenhaus (Maison Eclusière).

VOM BRUTKASTEN PER POST IN ALLE WELT

Naturschutzgebiet Petite Camargue Alsacienne

Die französische Rheinseite hat man vom Markgräflerland aus stets im Blick. Deshalb sei an dieser Stelle gestattet, einmal über den badischen »Tellerrand« zu schauen. Auf der Höhe von Eimeldingen liegt jenseits des Rheins die Petite Camargue Alsacienne, eine über 900 Hektar große Sumpflandschaft, die eindrucksvoll vor Augen führt, wie die Landschaft auch in Deutschland aussah, bevor der Fluss begradigt wurde. Das Naturschutzgebiet ist ein Eldorado für Gelegenheitsbiologen. In seinem Zentrum erwartet einen eine ganz besondere Überraschung. Die *Kaiserliche Fischzucht*.

Inmitten von Wasserläufen und Auwald tut sich plötzlich eine Lichtung mit einer Holzvilla im Chalet-Stil samt Nebengebäuden auf. Mit ihren geschnitzten Säulen und filigranen Balkonen könnte sie auch in einem Kurpark stehen. Tatsächlich handelt es sich aber um eine weltweite Pionieranlage in Sachen Fischzucht. Der französische Kaiser Napoleon III. beauftragte 1852 Victor Coste mit ihrem Bau. Der Naturforscher war Experte für die künstliche Befruchtung von Fischeiern und die Aufzucht von Jungfischen. In den Rheinauen herrschten ideale Bedingungen für dieses Projekt. Besonders wichtig war der Zugriff auf die damals im Rhein noch zahlreich vorhandenen Lachse, deren Rogen für die Aquakultur verwendet wurden. Das Ganze war ein voller Erfolg. Die befruchteten Eier wurden per Post und Bahn weltweit verschickt.

Heute betätigen sich Naturschützer aus dem Elsass und aus Basel als Fischzüchter. Sie sind in dem Verein *Amis de la Petite Camargue Alsacienne* zusammengeschlossen und engagieren sich für die Wiederansiedlung des Lachses. Rund 500.000 Jungtiere werden jährlich in den Rhein entlassen. Über ihre Arbeit und die *Kaiserliche Fischzucht* informiert eine spannende Ausstellung.

Die Petite Camargue Alsacienne ist ganzjährig geöffnet, besonders schön ist es dort aber im Herbst, wenn die Zugvögel hier Zwischenstation machen.

75

Spaziergang durch Ötlingen
Startpunkt am
Museum Dorfstube
Zur Alten Schmiede 9
79576 Weil am Rhein-Ötlingen
07621 64194
www.weiler-kultur.de

DAS GROSSE MARKGRÄFLER LOS

Ötlinger Ortsbild

In Blickweite zu den Industrietürmen der Basler Pharmariesen präsentiert sich das Markgräflerland mit dem Dörfchen Ötlingen von seiner besonders malerischen Seite. Egal welches Wetter gerade über die Landschaft zieht, dieser Ortsteil der Grenzstadt Weil am Rhein wirkt wie aus einem Bilderbuch und ein bisschen auch wie aus der Zeit gefallen. Umgeben von Obstwiesen und Weinbergen thront er auf der Nordwestkanzel des Tüllinger Berges. Blickfang ist der für das Markgräflerland typische Kirchturm, um den sich der historische Ortskern gruppiert. Es lohnt sich, die kleine Anhöhe zu erklimmen und durch die winzigen Gassen zu streunen, die von der Dorfstraße abzweigen und zu allerlei Entdeckungen einladen. Idyllische Innenhöfe, Olivenbäume zwischen akkurat gestapelten Holzbeigen, von der Last der Zeit gebeugte Fachwerkhäuser und -scheunen, üppige Bauerngärten und alte Brunnen gehören zum Grundkolorit von Ötlingen. Kein Wunder, dass das gesamte Ortsbild unter Denkmalschutz steht, worüber nicht alle Einheimischen glücklich sind. Die ältesten Häuser stammen aus dem 16. und 17. Jahrhundert, wehe dem, der einen »Sanierungsstau« beheben muss.

Die Geschichte von Ötlingen reicht sogar bis ins 8. Jahrhundert zurück. Zu den Sehenswürdigkeiten gehört unter anderem die St. Galluskirche, die erstmals 1275 erwähnt und später mehrmals umgebaut wurde. Seit der Reformation ist sie wie die meisten im Markgräflerland evangelisch. Weitere Highlights sind eher im weltlichen Bereich angesiedelt. Zum Beispiel der Weinweg, der über den Weinbau am Tüllinger Berg informiert. Und wer zum krönenden Abschluss seiner Ötlingen-Tour noch einen Tisch auf der Terrasse des Gasthauses *Ochsen* in der Dorfstraße 82 ergattert, der hat das große Markgräfler Los gezogen, denn die Aussicht auf das Dreiländereck ist schlichtweg atemberaubend.

Das Dorfmuseum ist in einem alten Fachwerkhaus untergebracht und zeigt von April bis Oktober bäuerliche Lebenskultur des 19. Jahrhunderts.

76

Tüllinger Berg
Anfahrt: In 79576 Haltingen vom Weilweg abbiegen in die Straße Im Maiacker. Nach etwa 100 Metern an der Kreuzung links halten und noch rund 200 Meter bergauf gehen bis zur Streuobstwiese, auf der der Rebensonntag stattfindet.
www.rebensonntag.de

Tourist-Information Weil am Rhein
Hauptstraße 290/1
79576 Weil am Rhein
07621 4220440
www.w-wt.de

VÖLKERVERSTÄNDIGUNG IN DEN REBEN

Rebsonntag am Tüllinger Berg

Man kennt das: Der Ausflug führt durch eine aufregend schöne Landschaft, und auch das Wetter zeigt sich von seiner sonnigsten Seite. Jetzt wäre ein Picknick die Krönung. Ein Glück, wenn man auf dem Tüllinger Berg zwischen Weil am Rhein, Haltingen und Ötlingen unterwegs ist. Der Panoramaweg entlang der südlichsten Rebhänge Deutschlands bietet eine traumhafte Dichte an Aussichtsplätzen, die geradezu zu einem Imbiss im Freien verführen.

Besonders interessant wird es sonntags. Dann kann es passieren, dass man im Weinberg von Haltingen unvermittelt auf einen kleinen Marktstand stößt, der bereits munter umlagert wird. Es gibt Selbstgemachtes aus Küche und Keller. Wein, Säfte aus eigener Pressung, frischen Hefezopf, Kuchen, Bauernbrot, Schmalz vom Dorfmetzger und je nach Saison Erdbeeren, Kirschen oder Zwetschgen. Wir befinden uns mitten im Rebensonntag, einer Initiative, die Appetit machen soll auf Wein und Spezialitäten von den Erzeugern aus Haltingen. Das Ganze läuft unkompliziert ab. Auf der Streuobstwiese neben dem Marktstand stehen ein paar Holztische, und wer will, bekommt eine Picknickdecke und sucht sich ein Plätzchen im Gras.

Der Rebensonntag findet nur bei schönem Wetter statt. Die Termine werden auf einer eigenen Internetseite veröffentlicht. Während der Brutzeit der Vögel wird pausiert, ebenso an heißen Sommertagen. Dafür werden im Winter ganz besondere Rebensonntage mit Glühwein und Kinderpunsch veranstaltet. Am schönsten ist es an klaren Herbsttagen, wenn das Weinlaub goldgelb leuchtet. Dann kann man die Fernsicht bis ins Elsass und in den Schweizer Jura genießen, während sich im Vordergrund die Skyline von Basel ausbreitet. Entsprechend international sind die Gäste, die sich auf der Wiese zur Völkerverständigung bei Wein und Hefezopf versammeln.

Über den Tüllinger Berg führt der Weiler Weinweg, der Weil am Rhein mit Lörrach und Riehen (CH) verbindet (Gehzeit etwa zwei Stunden). Auf der Strecke informieren Tafeln über Weine und Landschaft. www.derweinweg.de

77

Wochenmarkt Lörrach
Marktplatz
79539 Lörrach

Tourist-Information
Basler Straße 170
(Ecke Untere
Wallbrunnstraße)
79539 Lörrach
07621 415120
www.loerrach.de

DER SÜDEN VOR DER HAUSTÜR

Marktplatz

Ein kleiner Schritt war es vermutlich für König Ruprecht III., als er am 26. Januar 1403 in Regensburg die Marktrechtsurkunde für Lörrach unterzeichnete. Für das rund 500 Kilometer entfernte 600-Seelen-Dorf an der Schweizer Grenze war es jedoch ein großer Schritt in die Zukunft. Denn das Marktrecht sollte die Wirtschaftskraft gegenüber dem mächtigen Basel stärken und war ein Meilenstein in der Entwicklung vom Dorf zur Stadt.

Der Marktplatz in Lörrach ist heute ein üppiger und farbenprächtiger Umschlagplatz für Delikatessen und ein Symbol für Markgräfler Lebensart. Dreimal pro Woche befördern bis zu 120 Erzeuger aus der Region heran, was Keller, Felder und Gärten zu bieten haben. Obst, Gemüse, Beeren, Honig, Wurst, Käse, Wein, Säfte, Brot, Kuchen und ein buntes Meer an Blumen. Es wird probiert, getratscht und gekauft. Das mehrsprachige Stimmengewirr zwischen den Ständen verrät, dass sich der Markt in Lörrach auch bei Schweizern und Franzosen großer Beliebtheit erfreut, was nicht zuletzt am hohen Anteil der Bioprodukte und an den vergleichsweise moderaten Preisen liegt. Wer an einem Sommertag über den Platz schlendert, wird sich vielleicht trotzdem verwundert die Augen reiben. Artischocken, Auberginen, Pfirsiche, Feigen aus der Region? Kann das sein? Ja, es kann. Dank des fast mediterranen Klimas, das durch die Burgundische Pforte einströmt, wächst hier vieles, was man sonst in südlicheren Gefilden verortet.

Bevor man seine Schätze nach Hause schleppt, empfiehlt sich, wie das im Süden so üblich ist, eine kleine Stärkung in einem der Bistros oder Cafés rund um den Marktplatz. Ein strategisch gut gewählter Beobachtungsposten ist die Bar Drei König unter den Arkaden des gleichnamigen und ebenfalls empfehlenswerten Restaurants. Von hier aus hat man das muntere Treiben bestens im Blick.

Jeweils im Juli findet unter anderem auf dem Marktplatz das Stimmen-Festival statt. Die Open-Air-Konzerte mit Starbesetzung locken bis zu 30.000 Besucher aus Süddeutschland, der Schweiz und Frankreich an.

78

Diese Grafik aus dem Dreiländermuseum entstand 1914. Sie zeigt einen siegreichen französischen Soldaten und eine Elsässerin.

Dreiländermuseum
Basler Straße 143
79540 Lörrach
07621 415150
www.dreilaendermuseum.eu

ALLERLEI GRENZERFAHRUNGEN

Dreiländermuseum

Gerade einmal fünf Kilometer liegt Lörrach von den Grenzen zu Frankreich und der Schweiz entfernt. Wer wissen möchte, wie die Region im äußersten Südwesten Deutschlands »tickt«, was sie mit den Nachbarn verbindet und was sie trennt, dem sei ein Besuch im Dreiländermuseum im Herzen von Lörrach empfohlen. Es ist das Erste seiner Art in Europa und vielfach preisgekrönt. Die bewegte Vergangenheit der drei Länder, die heute als Wirtschaftsraum so eng miteinander verzahnt sind, wird hier in einer Dauerausstellung und regelmäßigen Sonderschauen zu ausgewählten Schwerpunktthemen sehr eindrücklich erfahrbar gemacht. Das Dreiländermuseum schöpft aus einem Fundus von über 50.000 Objekten, von denen jeweils rund 2.000 gezeigt werden, darunter eine Fülle von Alltagsgegenständen. Hinter jedem der Exponate wird die wechselvolle Geschichte der Menschen im Dreiländereck sichtbar.

Den Mittelpunkt der Region, gleichsam die Aorta, bildet der Rhein, der die Menschen und ihr Land schon seit Jahrtausenden trennt und verbindet. Folgerichtig nimmt er auch im Museum einen zentralen Raum ein. Elemente, die zusammenführen, sind die gemeinsame Kultur und die Sprache, das Alemannische beziehungsweise Schwiizerdütsch und Elsässisch. Wer Alemannisch spricht, kann sich mit den Nachbarn auf der anderen Rheinseite verständigen.

Ein wichtiges Kapitel der Dauerausstellung befasst sich mit den Grenzen, die im Dreiländereck lange Zeit keine große Rolle spielten. Mit dem Ausbruch der beiden Weltkriege änderte sich das schlagartig und es begann eine finstere Ära für die Region. Die Grenzen wurden geschlossen und streng bewacht, der kulturelle und wirtschaftliche Austausch abrupt gestoppt. Zahlreiche Exponate dokumentieren die Zeit der Trennung, die auch eine Zeit der Schmuggler, der illegalen Grenzgänger und der Propaganda war.

Richtig gelungen ist auch das Kinderprogramm des Dreiländermuseums. Es umfasst zielgruppengerechte Führungen und Aktivitäten. Sogar der Kindergeburtstag kann im Museum gefeiert werden.

79

Waschhaus
Clara-Immerwahr-Straße
Ein Fußweg am Kanal führt in Richtung Waschhaus
79540 Lörrach

Tourist-Information Lörrach
Basler Straße 170
(Ecke Untere Wallbrunnstraße)
79539 Lörrach
07621 415120
www.loerrach.de

TRATSCH AM GEWERBEKANAL

Altes Waschhaus

Von der Waschhausgasse aus führt ein schmaler Pfad hinab bis zum Gewerbekanal. Brombeergestrüpp und Brennnesseln säumen den Weg zu einem Kulturdenkmal inmitten dieser romantischen Wildnis, das auf den ersten Blick nicht unbedingt als solches zu erkennen ist. Der grob gezimmerte, etwa 15 Meter lange Schuppen direkt am Ufer ist das letzte der einst so zahlreichen Waschhäuser entlang des Kanals. Er erzählt ein Stück Lörracher Geschichte und war wohl Hotspot für den neuesten Klatsch und Tratsch.

Die Seitenwände des Waschhauses zum Ufer sind offen, über das Wasser ragt Eisengestänge, eine Reihe schmaler Bretter ist im Boden verankert und an den Deckenbalken sind kreuz und quer Wäscheleinen gespannt. Bis Anfang der 1960-Jahre wurde hier noch Wäsche gewaschen, immer montags. Dann schleppten Frauen die zu Hause eingeweichte Wäsche hinab zum Kanal. Nun wurde geseift, gerubbelt, gespült, gewrungen und sicher auch kräftig geschwatzt.

Das Waschhaus stammt aus dem Jahr 1920 und ist nicht nur historisches Zeugnis der schweren Hausfrauenarbeit Anfang des 20. Jahrhunderts, sondern steht in engem Zusammenhang mit der Lörracher Industriegeschichte. Es gehörte zur sogenannten Köchlin-Siedlung, die der damals größte Arbeitgeber, die Firma *Koechlin, Baumgartner & Cie. (KBC)*, für seine Mitarbeiter bauen ließ. Das Unternehmen war in den 1950er-Jahren eine der führenden Stoffdruckereien Europas und heuerte überall Arbeitskräfte an. So kamen die ersten Gastarbeiter aus Italien nach Lörrach. Noch heute finden sich italienische Namen an den Klingelschildern in der Waschhausgasse. Bei ihrer Arbeit wurden die Wäscherinnen mit der Stoffdruckerei unmittelbar konfrontiert. Denn oft brachte das Wasser kanalaufwärts die eine oder andere Farbe mit. Dann hieß es aufpassen, sonst war die Wäsche bunt.

Ausführlich zu besichtigen ist das Waschhaus bei spannenden Führungen mit der Chronistin Monika Haller, die in die Rolle einer Waschfrau schlüpft. Termine und weitere Infos erhalten Sie bei der Tourist-Info.

80

Bridge Gallery
Beim Haagensteg
79541 Lörrach-Haagen
www.bridge-gallery.de

Führungen buchbar bei der **Tourist-Information**
Basler Straße 170
(Ecke Untere Wallbrunnstraße)
79539 Lörrach
07621 415120
www.loerrach.de

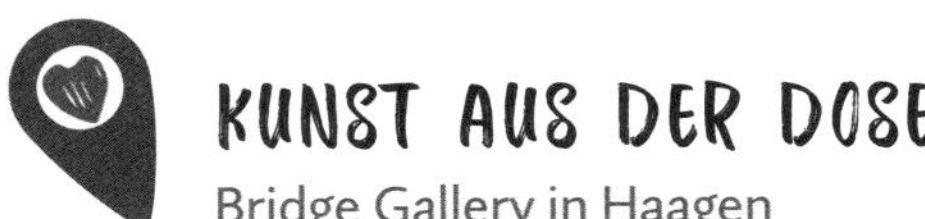

KUNST AUS DER DOSE

Bridge Gallery in Haagen

Es gibt Orte, da geht man nicht freiwillig spazieren. Unter Autobahnbrücken beispielsweise. In Lörrach sollte man dies ausnahmsweise tun. Die 56 Betonpfeiler unter der A 98 zwischen der Innenstadt und dem Ortsteil Brombach sind durchaus sehenswert. Sie bilden die Bridge Gallery, eine Galerie der etwas anderen Art, mit Graffiti-Kunstwerken im XXL-Format, darunter Wandmalereien, auch »Murals« genannt, die weltweit gepostet wurden.

Angefangen hat alles 2010 mit einer Initiative des Lörracher Jugendparlaments und der großen Überraschung, dass die Behörden ohne mit der Wimper zu zucken die Brückenpfeiler zum Besprühen freigaben. Flugs wurde sowohl die regionale als auch die internationale Graffiti- und Street-Art-Szene eingeladen. Die Teilnahmebedingungen waren ausgesprochen niederschwellig. Wer mitmachen wollte, ließ sich bei der Stadtverwaltung registrieren, bekam dafür eine Greencard und konnte loslegen. Die Resonanz war überwältigend. Zum einen entstanden regelrechte Wettkämpfe unter der angereisten Graffiti-Prominenz, zum anderen griffen auch Schüler zur Dose, um sich im Rahmen des Kunstunterrichts an den legalen Graffitiflächen, sogenannten Freewalls, zu verwirklichen.

Um die zum Teil 20 Meter hohen Brückenpfeiler überhaupt großflächig bearbeiten zu können, wurden Hubarbeitsbühnen genutzt. Das Ergebnis der Graffiti-Aktion war beachtlich. Die vormals öden grauen Betonpfeiler wandelten sich in Kunstobjekte von zum Teil hoher Qualität. Die Open-Air-Galerie unter der Autobahnbrücke wurde mit einem Schlag über die Region hinaus bekannt. Seither ist die Pfeiler-Kunst ständig im Wandel. Manche Kunstwerke werden übermalt, neue entstehen. Es lohnt sich also, immer wieder vorbeizukommen.

Unter dem Motto *Graffiti-Open-Air-Walk* bietet die Tourist-Info Lörrach Führungen zur Bridge Gallery an. Wer möchte, darf im Anschluss selbst zur Spraydose greifen.

81

Restaurant Villa Feer
Beim Haagensteg 1
79541 Lörrach-Hagen
07621 5791077
www.villa-feer.com

FRISCHER WIND IM SALON

Restaurant Villa Feer in Haagen

So sieht eine glückliche Fügung aus: Eine junge, engagierte Köchin beendet ihre Wanderjahre durch die internationalen Edelrestaurants, kauft eine schmucke Fabrikantenvilla in ihrer Heimatstadt und eröffnet ein eigenes Speiselokal darin. Kathrin Bucher wagte 2013 den Sprung ins kalte Wasser. Und von da an nahm nicht nur das Schicksal der traditionsreichen Villa Feer im Lörracher Stadtteil Haagen eine gute Wende, sondern die Stadt war auch um eine Lokalität reicher, die inzwischen von renommierten Gastroführern mit großem Lob bedacht wird.

Die schmucke Villa am Rande des Grüttparks ist heute ein Ort, an dem gehobene Küche so unaufgeregt präsentiert wird, dass es eine Freude ist. Die Gerichte sind sorgfältig komponiert, das kleine, aber feine Mittagsmenü wechselt wöchentlich, und bei den Weinen setzt die Chefin auf die ausgezeichneten Winzer der Region. Man tafelt im ehemaligen Salon, im Wintergarten oder – besonders lauschig – im Garten.

Für die um 1900 von dem Schweizer Unternehmer Adolf Feer erbaute Villa war das Engagement der beherzten Köchin so etwas wie die letzte Chance, denn die Instandhaltung des Gebäudes schreckte so manchen Investor ab. Inzwischen können sich die Besucher wieder an dem subtilen großbürgerlichen Glanz erfreuen. Adolf Feer konnte einst von seinem Domizil aus sein Fabrikgelände überblicken, die *Druckerei und Appretur Brombach*. Das Unternehmen arbeitete für die Textilindustrie und gehört heute zur *Lauffenmühle.* Überliefert ist das soziale Engagement der Fabrikantenfamilie. Alte Bilder zeigen, dass Feer bereits während des Ersten Weltkrieges eine Art Suppenküche für Kinder unterhielt. Im Zweiten Weltkrieg war seine Villa so etwas wie Schweizer »Hoheitsgebiet«, in dem offenbar auch der eine oder andere Flüchtling Aufnahme fand.

Nach dem Essen lohnt sich ein Spaziergang durch den Grüttpark. Diese hübsche »grüne Lunge« Lörrachs wurde im Zuge der Landesgartenschau 1983 angelegt.

82

Burg Rötteln
79541 Lörrach-Haagen
07621 56494
www.burgruine-roetteln.de

Zufahrt über die A 98, Ausfahrt Lörrach-Mitte, dann der B317 folgen, in die Röttler Straße abbiegen und schließlich in die Schlossgass (ist ausgeschildert). Diese führt direkt zur Burg.

GELAGE UND BELAGERUNGEN

Burg Rötteln bei Haagen

Wo heute leere Fensteröffnungen wie zahnlose Münder aus massiven Mauerresten gähnen, zierten einst prachtvolle Teppiche aus Burgund die Wände, und Kachelöfen wärmten Prunkräume und Kammern. Der weite Blick über die Landschaft ist jedoch nach wie vor der gleiche. Die Ruine der Burg Rötteln, die erhaben über Lörrach thront, ist das Wahrzeichen der Stadt und eine der besterhaltenen Anlagen in Süddeutschland. Stolz weht auf den beiden Türmen die gelb-rote badische Flagge.

Wer den Hügel erklimmt, bekommt einen Eindruck von den Dimensionen der Festung. Durch die Vorburg schraubt sich der Weg nach oben. Über eine Holzbrücke, ehemals die Zugbrücke, gelangt man zum Zentrum. Noch immer erinnern zahllose Details an die Glanzzeiten der Herren von Rötteln vor über 300 Jahren. Massive Tore, Kopfsteinpflaster aus Rheinkieseln, ein gut erhaltener Gewölbekeller, der als Weinlager genutzt wurde. Direkt darüber lag der Rittersaal, was einen kurzen Weg vom Keller in die Kehle garantierte.

Über Jahrhunderte war Burg Rötteln eine Drehscheibe der Macht am Oberrhein. Politisch lag sie etwas ungemütlich an einer Schnittstelle zwischen den Herrscherhäusern von Burgund, Habsburg und dem einflussreichen Bistum von Basel.

Erstmals schriftliche Erwähnung fand die Burg 1259. Nach einer Belagerung durch französische Truppen 1678 wurde die Anlage durch einen Brand weitgehend zerstört. Was sich in den fast 400 Jahren dazwischen abspielte, würde reichlich Stoff für einen History-Thriller liefern. Zu den mächtigsten Burgherren gehörten die Markgrafen von Hachberg-Sausenberg, die sogar mehrere Bischöfe von Basel stellten. Feine Diplomatie scheint indes nicht immer ihre Sache gewesen zu sein. So erstach Markgraf Rudolf II. von Rötteln den Bürgermeister von Basel im Zwist kurzerhand. Woraufhin die Basler erfolglos versuchten, die Burg zu stürmen.

Sehenswert ist das Burgmuseum mit einem Nachbau der historischen Anlage. Zur Stärkung empfiehlt sich die Einkehr in der Burgschänke oder im schön gelegenen Biergarten in der Vorburg.

83

Lenk-Plastik
Marktplatz
79650 Schopfheim

Tourist-Information
Hauptstraße 23
79650 Schopfheim
07622 396145
www.schopfheim.de

Revolution auf dem Schwebebalken

Lenk-Plastik

Man stelle sich vor, es ist Revolution und keiner geht hin. Diese bittere Erfahrung musste der badische Revolutionär Friedrich Hecker machen, als er am 18. April 1848 vor den Bürgern Schopfheims eine seiner flammenden Reden für Demokratie, Einigkeit und Recht und Freiheit hielt. Gerade einmal zwei Mann und ein Hund folgten seinem Aufruf und schlossen sich den Freischärlern an, um nach Karlsruhe zum Sitz des Großherzogs von Baden zu ziehen.

Ganz anders gestaltete sich die Situation in Schopfheim am 3. Oktober 2004, dem Tag der Deutschen Einheit. Da wimmelte es regelrecht in den Straßen des Städtchens. Bürgermeister, zahlreiche Honoratioren und viele Bürger fanden sich ein, um zusammen mit Peter Lenk eine Plastik zum Gedenken an die Badische Revolution einzuweihen. Ein paar Bedenken hatte man im Vorfeld schon, denn der Künstler ist schließlich berühmt dafür, seine Sujets satirisch zuzuspitzen und mit deftigen Pointen in Szene zu setzen gemäß seinem Credo, »Spießbürgern nicht den öffentlichen Raum zu überlassen«.

Lenks Schopfheimer Kunstwerk spielt sich auf einer Art Schwebebalken in fünf Metern Höhe ab. Mit Pickelhaube, Gewehr im Anschlag und ängstlich gebückter Haltung verfolgt die Staatsmacht als sechsfacher Klon von Erwin Teufel, dem damaligen Ministerpräsidenten von Baden-Württemberg, eine munter freche Revoluzzerschar, darunter den 1968er-Kommunarden Fritz Teufel und die auf einer Kanone reitende Hecker-Weggefährtin Emma Herwegh.

Einen besonders guten Blick auf die Plastik hat man vom fast darunter plätschernden Kronenbrunnen aus. Im Gasthaus Krone direkt daneben verbrachte Hecker seine letzte Nacht in Schopfheim, bevor er gen Kandern weiterzog und am 20. April im Gefecht am Scheideck bei Kandern von den Regierungstruppen geschlagen wurde.

Auf dem Scheideckpass südöstlich von Kandern steht ein Gedenkstein, der an das Gefecht vom 20. April erinnert.

84

Feuerwehrhaus von Zaha Hadid
Vitra Campus
Charles-Eames-Straße 2
79576 Weil am Rhein
07621 7023200
www.design-museum.de
(Termine der Architektur-Führungen)

EXPLOSIVE KONTRASTE

Feuerwehrhaus von Zaha Hadid

Kann Beton schweben? Ja, er kann. Zaha Hadid ist dieses Kunststück gelungen – zumindest optisch. Ausgerechnet in Weil am Rhein hat die international gefeierte Stararchitektin 1993 das weltweit wohl ungewöhnlichste Feuerwehrhaus gebaut. Es steht etwas versteckt auf dem Werksgelände des Möbelbauers Vitra und ist ein betörendes Gesamtkunstwerk. Das Gebäude besteht – typisch für ein Feuerwehrhaus – aus einer Halle für Löschzüge, Dusch- und Umkleidekabinen, Besprechungsraum und Küche. Aber bereits auf den ersten Blick wird klar, dass es sämtliche Vorstellungen sprengt, die man gewöhnlich von einem Feuerwehrhaus hat. Es gleicht einer zerklüfteten Betonskulptur und strahlt eine Dynamik aus, die in explosivem Kontrast zu den Gebäuden in der Umgebung steht. Auf rechte Winkel verzichtet die Architektin ebenso wie auf Farben.

Wer das Feuerwehrhaus betritt, ist überrascht. Elegant geschwungene Wände, sanft gekrümmte Decken und raffiniert ineinandergreifende Bauelemente verleihen dem Werkstoff Beton eine leichte, fast schwebende Anmutung. Auf zwei Etagen gehen Funktion und Form unerwartete Verbindungen ein und faszinieren mit immer neuen Perspektiven.

Der Bau markiert eine Premiere in der Karriere von Zaha Hadid (1950–2016). Die Entwürfe der exzentrischen Architektin wurden zwar regelmäßig mit Preisen ausgezeichnet, sie zu bauen traute sich aber zuvor niemand. Zu außergewöhnlich, zu kompliziert, zu teuer. Insofern war das Feuerwehrhaus in Weil am Rhein eine Art Feuertaufe für die Architektin. Es brachte ihr nicht nur den renommierten Pritzker-Preis ein. Von da an wagten mehr Bauherren, Entwürfe von Zaha Hadid zu realisieren. Das Haus kann im Rahmen von Architekturführungen besichtigt werden. Dabei sind auf dem Firmengelände von Vitra erstellte Produktionsgebäude zu bestaunen.

Interessant ist auch ein Besuch im Vitra Design Museum, wo in wechselnden Ausstellungen die Beziehungen zwischen Design, Architektur, Kunst und Alltagskultur beleuchtet werden.

85

Stationenweg »24 Stops« ab dem Vitra Campus
Charles-Eames-Straße 2
79576 Weil am Rhein
www.24stops.info

Tourist-Information Weil am Rhein
Hauptstraße 290/1
79576 Weil am Rhein
07621 4220440
www.w-wt.de

VON GLOCKE ZU GLOCKE

Stationenweg *24 Stops*

Manche Dinge sind nicht ganz das, was sie auf den ersten Blick zu sein scheinen. Tobias Rehberger, international gefeierter Bildhauer, ist dafür bekannt, dass er mit Sehgewohnheiten spielt. So auch auf dem 2016 unter dem Namen »24 Stops« eröffneten Weg, eine Art Stationenweg, der zwei Länder und zwei Kulturinstitutionen verbindet, den Vitra Campus in Weil am Rhein und die Fondation Beyeler im schweizerischen Riehen. Start- und Endpunkt ist jeweils eine Glocke.

In Weil am Rhein steht sie unübersehbar auf der grünen Wiese gleich am Eingang zum Vitra-Gelände. Sie wurde von einem Glockengießer gestaltet und ist voll funktionsfähig. Symbolisch läutet sie den Rehberger-Weg ein und ist gleichzeitig der erste von 24 Stops darauf. Die Kunsttour führt über den Tüllinger Berg hinüber nach Riehen. Sie misst ungefähr fünf Kilometer und ist von Weil am Rhein aus ohne größere Steigungen zu bewältigen.

Wer den Blick vom großartigen Basel-Panorama lösen kann, dem wird die Kunst den Weg weisen, allerdings nicht ohne ironischen Fingerzeig. Denn natürlich will der Künstler die Grenzgänger auch stutzig machen, überraschen und eventuell irritieren. Zum Beispiel mit einem knallbunten Hochsitz, der aussieht, als stamme er von einem futuristischen Spielplatz, einem kugelrunden blauen Wasserspeier, der wie ein Wespennest an einer Dachrinne klebt, einem Vogelhaus, das an eine Überwachungskamera erinnert, einer Scheibe, die jede volle Stunde zur Kuckucksuhr mutiert, oder mit einem Wetterhäuschen, das – befände man sich nicht auf einem Fußweg – auch eine Radarfalle sein könnte. Wahrlich eine Herausforderung für die Sehgewohnheiten. Was auch immer der Einzelne mit den Objekten verbindet, einen Kontrast zu den landschaftlichen Reizen schaffen sie allemal.

Die Fondation Beyeler in Riehen ist das meistbesuchte Kunstmuseum der Schweiz. Die wechselnden Ausstellungen sind wegweisenden Künstlern oder Kunstbewegungen gewidmet.
www.fondationbeyeler.ch

86

Die **Dreiländerbrücke** liegt beim Rheinpark in 79576 Weil am Rhein

Tourist-Information
Hauptstraße 290/1
79576 Weil am Rhein
07621 4220440
www.w-wt.de

WO DIE GRENZEN FLIESSEND WERDEN

Dreiländerbrücke

Mit einem wahren Feuerwerk an Freundschaftsprojekten punktet das Markgräflerland im äußersten Süden, dort, wo sich Deutschland, Frankreich und die Schweiz berühren. 2007 wurde die Dreiländerbrücke als die weltweit längste Bogenbrücke für Radfahrer und Fußgänger eingeweiht. Sie verbindet Weil am Rhein mit dem französischen Huningue und gibt den Blick frei auf den Basler Rheinhafen mit dem Novartis Campus im Hintergrund. Wer die filigrane Konstruktion überquert, spürt das von den Schritten der Passanten erzeugte Schwingen der Brücke wie einen beschleunigten Pulsschlag dieser ebenso geschichtsträchtigen wie wirtschaftlich boomenden Region. Die Passerelle des Trois Pays, so ihr französischer Name, ist ein vielfach preisgekröntes ästhetisches Meisterwerk. 248 Meter lang und an der höchsten Stelle 26 Meter über dem Rhein.

Der Fluss ist für die drei Länder seit jeher eine Lebensader. Brücken waren für den Handel existenziell und in Kriegszeiten entsprechend heftig umkämpft. 1797 wurde der erste Rheinübergang bei Hüningen von französischen Truppen zerstört und später durch eine Schiffbrücke ersetzt. Diese fiel während des Zweiten Weltkriegs amerikanischen Bomben zum Opfer. Genau an der Stelle der alten Rheinüberquerung wurde die Dreiländerbrücke errichtet. Vor dem Bau musste sogar ein extra Staatsvertrag zwischen Deutschland und Frankreich abgeschlossen werden.

Zum echten trinationalen Erlebnis wird der Spaziergang über die Brücke, wenn man ihn mit einer Tour auf dem Dreyland-Dichterweg verbindet. Hier kann man das Alemannische, den gemeinsamen Dialekt der drei Länder, durch ihre Poeten kennenlernen. Die Tour beginnt auf deutscher Seite im Rheinpark und führt am französischen Rheinufer entlang bis zur Dreirosenbrücke in Basel (Ausweis nicht vergessen!).

Das Dreiländereck zwischen Deutschland, Frankreich und der Schweiz lässt sich auch zu Wasser erkunden. Direkt an der Dreiländerbrücke befindet sich eine Anlegestelle der Basler Personenschifffahrt.

87

Wasserschloss Inzlingen
Riehener Straße 5
79594 Inzlingen
07621 40550
www.inzlingen.de

Perle im Wassergraben

Wasserschloss

Am Ende – oder Anfang – des Markgräflerlandes, nur einen Katzensprung von der Schweizer Grenze entfernt, liegt das wohl schönste Rathaus Südbadens. Der Bürgermeister der kleinen Gemeinde Inzlingen darf sich als Schlossherr fühlen, denn er residiert in einem absolut märchenbuch- und prinzessinnentauglichen Wasserschloss. Und das Schöne dabei ist, dass er sich das Schloss mit einem Restaurant teilt, das für seine gute Küche gerühmt wird.

Im Südwesten fanden sich einst eine ganze Reihe von Wasserschlössern. Doch nur das in Inzlingen ist in seiner ursprünglichen Form erhalten geblieben. Es wird umspült von einem Wassergraben, in dem die Frösche quaken, und kann nur zu Fuß über eine Brücke betreten werden. Dass es das schmucke Schlösschen überhaupt noch gibt, ist ein Glücksfall. Denn im Laufe seiner Geschichte musste es die verschiedensten Veränderungen überstehen. Als »Wasserhus« wurde es 1470 erstmals in einer Urkunde erwähnt. Eigentümer waren die Herren Reich von Reichenstein, ein Basler Rittergeschlecht.

Im Laufe der Zeit wurde das Wasserschloss gemäß dem Geschmack und Budget der jeweiligen Von-Reichenstein-Generation umgebaut. Sein jetziges Aussehen geht wahrscheinlich auf die Zeit um 1562 zurück. Dies ergab eine Untersuchung der Eichenstämme, mit denen das Fundament verbreitert wurde, auf denen das Schloss errichtet ist. Mitte des 18. Jahrhunderts hielt der Rokokostil mit reichlich Stuck, Wandtäfelungen und edlen Böden Einzug. Nach Auflösung des Inzlinger Lehens 1813 verarmten die Reich von Reichensteins und verkauften das Wasserschloss 1819. Es folgte ein häufiger Besitzerwechsel, der dem Anwesen schlecht bekam. 1969 kaufte die Gemeinde das Schloss und sanierte es vorbildlich. Heute kann es auf Anfrage wieder besichtigt werden.

Das gleichnamige Restaurant im Inzlinger Wasserschloss gehört zur gehobenen Kategorie und kombiniert badische Spezialitäten mit französischer Küche. www.inzlinger-wasserschloss.de

ALLE LIEFERBAREN Lieblings-plätze

ISBN 978-3-8392-0044-5

ISBN 978-3-8392-2730-5

ISBN 978-3-8392-2613-1

ISBN 978-3-8392-2837-1

ISBN 978-3-8392-2616-2

ISBN 978-3-8392-2632-2

ISBN 978-3-8392-2733-6

ISBN 978-3-8392-2731-2

ISBN 978-3-8392-2732-9

ISBN 978-3-8392-2628-5

ISBN 978-3-8392-2621-6

ISBN 978-3-8392-2885-2

ISBN 978-3-8392-2625-4

ISBN 978-3-8392-2838-8

ISBN 978-3-8392-2630-8

ISBN 978-3-8392-2631-5

ISBN 978-3-8392-2928-5

ISBN 978-3-8392-2929-3

ISBN 978-3-8392-2932-3

ISBN 978-3-8392-2931-6

ISBN 978-3-8392-2925-5

ISBN 978-3-8392-2622-3

ISBN 978-3-8392-2619-3

ISBN 978-3-8392-2618-6

ISBN 978-3-8392-2615-5

ISBN 978-3-8392-2629-2

ISBN 978-3-8392-2734-3

ISBN 978-3-8392-2627-8

ISBN 978-3-8392-2617-9

ISBN 978-3-8392-2635-3

ISBN 978-3-8392-2633-9

ISBN 978-3-8392-2612-4

ISBN 978-3-8392-2405-2

ISBN 978-3-8392-2614-8

ISBN 978-3-8392-2839-5

ISBN 978-3-8392-2624-7

ISBN 978-3-8392-2623-0

ISBN 978-3-8392-2611-7

ISBN 978-3-8392-2545-5

ISBN 978-3-8392-2620-9

ISBN 978-3-8392-2634-6

ISBN 978-3-8392-2930-9

ISBN 978-3-8392-2927-9

ISBN 978-3-8392-2926-2

ISBN 978-3-8392-2924-8

ISBN 978-3-8392-0043-8

KRIMIS AUS DER REGION

Erle,
Das Lied der Wächter – Das Erwachen
978-3-8392-2337-6

Erle,
Das Lied der Wächter – Der Gesang
978-3-8392-2354-3

Erle,
Das Lied der Wächter – Das Gesetz
978-3-8392-2360-4

Erle,
Blutkapelle
978-3-8392-1592-0

Erle,
Höllsteig
978-3-8392-1748-1

Erle,
Teufelskanzel
978-3-8392-1394-0